MANUEL

MANUEL

DES

JUGES DE COMMERCE.

IMPRIMERIE DE J. GRATIOT,
Rue du Foin Saint-Jacques, maison de la reine Blanche.

MANUEL

DES

JUGES DE COMMERCE,

Réunissant celles des dispositions des Codes les plus usuelles, et qu'il importe de bien connaître, la nouvelle loi sur la Contrainte par corps, par extrait, suivie de Formules, de Jugemens et Ordonnances, d'une Instruction pour les Agens et Syndics, et des Modèles de Procès verbaux, Concordats, Contrats d'union, et autres actes de faillite ;

LE TOUT RECUEILLI ET MIS EN ORDRE

PAR M. GASSE,

Secrétaire de M. le Président du Tribunal de commerce de Paris.

PARIS.

1833.

Les honorables fonctions de Juge au Tribunal de commerce sont déférées par les notables commerçans à ceux de leurs concitoyens, négocians ou anciens commerçans, qui ont toujours été environnés de l'estime et de la confiance publique.

J'ai pensé qu'il pouvait être utile aux nouveaux Membres de ces Tribunaux, de rapprocher dans un sommaire les dispositions de nos Codes qui sont le plus souvent invoquées, afin de leur en faciliter l'étude.

Je me suis appliqué à donner des notions justes, pour abréger des recherches souvent longues et difficiles.

J'ai cru aussi devoir faire suivre ce travail de Modèles et Formules de Jugemens, Ordonnances et autres actes du ministère des juges, heureux si j'ai pu atteindre le but que je m'étais proposé.

MANUEL

DES

JUGES DE COMMERCE.

L'institution d'une juridiction spéciale pour les commerçans et marchands, date d'une époque très éloignée, et son utilité a toujours été constamment reconnue et appréciée.

En effet, devant ces tribunaux les actes d'instruction et de procédure sont moins nombreux que devant les tribunaux civils, et les affaires qui, toutes urgentes, réclament promptitude et célérité, éprouvent moins d'embarras et sont expédiées plus rapidement.

Le plus ancien des tribunaux de commerce que l'on cite, fut établi à Lyon vers le xiv\ siècle, et appelé la Con_servation. Ses attributions étaient très étendues.

En l'année 1563, Charles ix érigea à Paris un tribunal pour les commerçans, sous la dénomination *de juges consuls des marchands*.

De pareils établissemens furent successivement autorisés dans certaines provinces.

En 1790, le décret du 16 août maintint la juridiction commerciale, détermina ses formes et sa compétence, étendit ses attributions sur le commerce maritime qui, jusqu'alors était du ressort des amirautés, indiqua le mode d'élection de ses membres, et la durée de leur exercice.

Les constitutions successives reconnurent et maintinrent les tribunaux de commerce ; celle de l'an viii seulement ne les nomma pas, ce qui donna lieu à un avis du Conseil d'État du 17 juin 1800 (28 prairial an VIII), qui décida, assez inexactement, que les juges de commerce n'étaient pas des juges ordinaires, mais simplement des arbitres, des espèces de jurés choisis librement par leurs pairs pour exercer des fonctions particulières; qu'ils n'avaient point de territoire ni de véritable juridiction; qu'ils n'étaient pas rétribués et ne pouvaient être assimilés aux juges dont parle la constitution; que leur existence était simplement légale, et qu'ils devaient rester sous l'empire des lois qui les ont établis, jusqu'à ce que ces lois eussent été modifiées ou supprimées.

Mais ce n'est pas dans les actes de l'an VIII, qu'il faut chercher les attributions, les prérogatives et la véritable qualité des juges de commerce.

La loi du 14 septembre 1807, comprise dans la partie de notre législation qui porte le titre de Code de commerce, a statué bien postérieurement et d'une manière formelle sur l'organisation des tribunaux de commerce, et c'est là seulement qu'on doit puiser des documens et des autorités.

Cette loi assigne aux tribunaux de commerce un territoire et une juridiction, elle règle leur compétence et détermine les formes de procédure qui leur sont spéciales, tant en premier ressort qu'en appel, avec certaine modification. Le législateur a maintenu l'ancien mode d'élection pour les membres de ces tribunaux, il a limité à deux ans l'exercice de leurs fonctions, mais après que l'approbation du Roi a confirmé le choix des notables commerçans, et que les titulaires sont légalement institués.

Toute justice émane du Roi, porte textuellement la Charte, qui ajoute plus bas : *l'institution actuelle des juges de commerce est conservée.*

Comme les autres tribunaux, c'est au nom du Roi que les tribunaux de commerce rendent leurs jugemens ; comme les autres juges, les juges de commerce sont les organes de la loi, comme eux ils sont revêtus d'un pouvoir qu'on ne peut décliner, hors les exceptions précisées par le législateur.

« L'article 620 du Code de commerce dispose que tout « commerçant pourra être nommé juge ou suppléant, s'il « est âgé de 30 ans, et s'il exerce le commerce avec distinc- « tion depuis cinq ans ».

Il semblerait d'après les termes de cet article, que les commerçans seuls, à l'exclusion des négocians retirés, seraient éligibles ; un avis du Conseil d'État, du 26 janvier, approuvé le 2 février 1808, a décidé que les anciens commerçans retirés pouvaient être élus.

PRÉSIDENCE DU TRIBUNAL.

Le président a la police du tribunal.

En outre de sa correspondance particulière, les actes du ressort du président prennent leur source dans les dispositions des art. 417 et 854 du Code de procédure civile ; 61, 106 et 172 du Code de commerce ; aux termes des ordonnances royales des 5 novembre 1823 et 10 mars 1825, les présidens des tribunaux de commerce, constateront dans les cinq premiers jours de chaque mois, l'état matériel et de situation des feuilles d'audience et de toutes autres minutes de jugement et actes reçus et passés dans le greffe de leur juridiction ; ils enverront, dans les cinq jours suivans, le procès verbal de cette vérification mensuelle à M. le procureur général.

LÉGALISATIONS.

De nombreuses demandes sont fréquemment adressées aux présidens des tribunaux de commerce, de la part des commerçans et négocians, à l'effet d'obtenir la légalisation de leur signature.

Il n'entre pas dans les attributions de ces présidens de légaliser de signatures, si ce n'est tout naturellement celles du greffier et des membres du tribunal qu'ils président.

Le décret du 6 mars 1791 désigne les magistrats auxquels appartient le droit de certifier, et légaliser toutes signatures (Messieurs les maires et présidens des tribunaux civils.)

DES PRÉSIDENS ET JUGES DES TRIBUNAUX DE COMMERCE.

« Conditions et mode de leur élection, institution
« royale, dispense pour cause de parenté, incompatibilité
« avec des fonctions administratives, sont dispensés de
« faire partie du jury, peuvent s'affranchir pendant la
« durée de leurs fonctions du service de la garde nationale,
« devoirs et cérémonial envers le roi et les princes, dis-
« cours et adresses, installation, roulement des chambres,
« et rang des juges entre eux, costume, vacances ».

Tout commerçant (1) pourra être nommé juge ou suppléant au tribunal de commerce, s'il est âgé de trente ans, s'il exerce le commerce avec honneur et distinction depuis 5 ans. Le président devra être âgé de 40 ans, et ne pourra être choisi que parmi les anciens juges (Art. 620 du Code de commerce). Cette nomination se fait dans une assemblée de notables convoqués par le préfet (Art. 618, Code de commerce). La liste des notables commerçans est dressée tous les ans par le préfet, et limitée selon l'importance de la population des villes (Art. 619, Code de commerce).

L'institution royale est donnée aux juges de commerce en exécution du décret du 6 octobre 1809.

(1) Voir l'avis du Conseil d'État du 26 janvier, — 2 février 1808.

Aux termes des dispositions de la loi du 20 avril 1810, les parens et alliés jusqu'au degré d'oncle et neveu inclusivement, ne pourront être simultanément membres d'un même tribunal ou d'une même cour, soit comme juges, soit comme officiers d'un ministère public, ou même comme greffier, sans une dispense du souverain. Il ne sera accordé aucune dispense pour les tribunaux composés de moins de 8 juges.

En cas d'alliance survenue depuis la nomination, celui qui l'a contractée, ne pourra continuer ses fonctions sans obtenir une dispense de S. M.

Il y a incompatibilité entre les fonctions judiciaires et administratives, c'est-à-dire, que les juges ne peuvent en même temps être investis de l'autorité municipale. C'est ce qu'ont décidé les lois des 14 décembre 1789, 4 décembre 1793, 15 octobre 1794, 6 et 27 mars 1799, ainsi que la nouvelle loi municipale du 21 mars 1831.

Les juges du tribunal de commerce, malgré le silence de la loi qui ne les désigne pas nommément, doivent être dispensés de faire partie du jury (Arrêt de la cour de Paris, du 16 octobre 1828).

Les fonctions de jurés sont incompatibles avec celles de juge, porte l'article 384 du Code d'instruction criminelle.

L'art. 28 de la loi du 22 mars 1831, dispose : Peuvent se dispenser du service de la garde nationale, nonobstant leur inscription, les membres des cours et tribunaux.

DEVOIRS ET CÉRÉMONIAL ENVERS LE ROI ET LES PRINCES.

Dans les voyages que le roi et les princes peuvent faire dans les départemens, ils doivent être complimentés par les fonctionnaires et autorités judiciaires, les cours et les tribunaux se rendront près d'eux en corps (Décret du 24 messidor an 12).

Tout discours et adresse fait au nom d'un des corps de l'État, politiques, administratifs, judiciaires, savans ou littéraires, par leur président, ne pourra être prononcé qu'après avoir été préalablement soumis à l'approbation respective de chaque corps.

Lorsque la rédaction du projet de discours ou d'adresse n'aura pas été confiée à une commission, le président en sera chargé de droit (Décret du 25 février 1809).

Lors de l'installation du premier président de la Cour de cassation, toutes les cours et tribunaux de la ville iront le complimenter ; la Cour royale, par une députation du premier président, du procureur général et de quatre juges ; les autres cours et tribunaux, par une députation composée de la moitié de chaque cour ou tribunal.

Les premiers présidens des autres cours et tribunaux recevront, lors de leur installation, la visite des autorités dénommées après eux, suivant l'ordre hiérarchique, et résidant dans la même ville ; ces visites seront faites dans les 24 heures de leur installation, et rendues dans les 24 heures suivantes.

Lesdits présidens iront dans les premières 24 heures de leur installation, visiter les autorités supérieures en la personne de leurs chefs, ceux-ci leur rendront leurs visites dans les 24 heures suivantes (Décret du 24 messidor, an 12).

Le roulement des chambres et sections, et le rang des membres des cours et tribunaux entre eux, sont déterminés par le décret du 30 mars 1808, la loi du 20 avril 1810, le règlement du 6 juillet 1810, et l'ordonnance royale du 11 octobre 1820.

Les membres des tribunaux de commerce porteront dans l'exercice de leurs fonctions et dans les cérémonies publiques, la robe de soie noire avec des paremens de velours (Art. 5 du décret du 6 octobre 1809).

Vacances.

Les tribunaux de commerce n'ont point de vacances. (Voir les art. 6 de la loi du 7 septembre 1796, et 3 de l'arrêté du gouvernement du 23 août 1800).

DISPOSITIONS TEXTUELLES

DU

CODE DE COMMERCE.

Des Sociétés.

Art. 18 et suivans. — Le contrat de société se règle par le droit civil, par les lois particulières au commerce, et par les conventions des parties (1).

Art. 51. — Toute contestation entre associé, pour raison de la société, sera jugée par des arbitres.

Des Commissionnaires.

Art. 93. — Tout commissionnaire qui a fait des avances sur des marchandises à lui expédiées d'une autre place, pour être vendues pour le compte d'un commettant, a privilége pour le remboursement de ses avances, intérêts

____

(1) Une nouvelle loi, du 31 mars 1833, attribue aux tribunaux de commerce la désignation des journaux dans lesquels doivent être insérés, à peine de nullité, les extraits des actes de société.

et frais sur la valeur des marchandises, si elles sont à sa disposition, dans ses magasins ou dans un dépôt public, ou si avant qu'elles soient arrivées, il peut constater par un connaissement ou par une lettre de voiture, l'expédition qui lui en a été faite.

Du Voiturier.

Art. 103. — Le voiturier est garant de la perte des objets à transporter hors le cas de force majeure; il est garant des avaries autres que celles qui proviennent du vice propre de la chose ou de la force majeure.

Art. 106. — En cas de refus ou de contestation pour la réception des objets transportés, leur état est vérifié et constaté par des experts nommés par le président du Tribunal de commerce, ou à son défaut, par le juge de paix, et par ordonnance au pied d'une requête.

Le dépôt ou séquestre, et ensuite le transport dans un dépôt public, peuvent en être ordonnés.

La vente peut en être ordonnée en faveur du voiturier, jusqu'à concurrence du prix de la voiture.

Des Achats et Ventes.

Art. 109. — Les achats et ventes se constatent par actes publics, par actes sous signature privée, par facture acceptée, correspondances, etc.

De la Lettre de change.

Art. 110. — La lettre de change est tirée d'un lieu sur un autre, elle est datée, elle énonce la somme à payer, le nom de celui qui doit payer, l'époque et le lieu où le paiement doit s'effectuer, la valeur fournie en espèces, ou marchandises en compte, ou de toute autre manière.

Elle est à l'ordre d'un tiers ou à l'ordre du tireur lui-même.

Si elle est par 1ʳᵉ, 2ᵉ, 3ᵉ ou 4ᵉ, etc., elle l'exprime.

Art. 157. — Les juges ne peuvent accorder aucun délai pour le paiement d'une lettre de change.

Du Billet à ordre.

Art. 187. — Toutes les dispositions relatives aux lettres de change sont applicables aux billets à ordre.

De la Prescription.

Art. 189. — Toutes actions relatives aux lettres de change et à ceux des billets à ordre souscrits par des négocians, marchands ou banquiers, ou pour faits de commerce, se prescrivent par 5 ans, à compter du jour du protêt ou de la dernière poursuite juridique, s'il y a eu condamnation, ou si la dette n'a été reconnue par acte séparé.

Néanmoins les prétendus débiteurs seront tenus, s'ils ne sont requis d'affirmer sous serment, qu'ils ne sont plus redevables ; et leurs veuves, héritiers ou ayant-cause qu'ils estiment de bonne foi qu'il n'est plus rien dû.

De la Faillite.

Art. 437. — Tout commerçant qui cesse ses paiemens est en état de faillite. Les chapitres qui suivent règlent tout ce qui est relatif à l'administration des faillites.

De la Juridiction commerciale.

Art. 615. — Ce titre détermine la formation des tribunaux de commerce, le nombre des juges et suppléans qui les composent, le mode de leur nomination, la réduction de la liste des notables.

Art. 626. — Les jugemens dans les tribunaux de com-

merce seront rendus par trois juges au moins; aucun suppléant ne pourra être appelé que pour compléter ce nombre.

Art. 627. — Le ministère des avoués est interdit dans les
tribunaux de commerce, conformément à l'art. 414 du
Code de procédure civile, nul ne pourra plaider pour une
partie devant ces tribunaux, si la partie présente à l'audience ne l'autorise, ou s'il n'est muni d'un pouvoir spé-
cial. Ce pouvoir, qui pourra être donné au bas de l'original
ou de la copie de l'assignation, sera exhibé au greffier avant
l'appel de la cause, et par lui visé sans frais.

Art. 628. — Les fonctions des juges de commerce sont
seulement honorifiques.

Ils reçoivent l'institution royale (Décret du 6 octobre
1809), et prêtent serment avant d'entrer en fonction devant la Cour royale, lorsqu'elle siége dans l'arrondissement où le tribunal de commerce est établi, et dans le cas
contraire la Cour royale, commet, si les juges de commerce
le demandent, le tribunal civil de l'arrondissement pour
recevoir leur serment.

Art. 630. — Les tribunaux de commerce sont dans les
attributions et sous la surveillance du ministre de la justice.

De la Compétence des Tribunaux de commerce.

Les tribunaux de commerce connaîtront :

Art. 631. — 1° De toute contestation relative aux engagemens et transactions entre négocians, marchands et
banquiers.

2° Entre toutes personnes des contestations relatives
aux actes de commerce.

Art. 632. — La loi répute acte de commerce tout achat
de denrées et marchandises pour les vendre, soit en nature,

soit après les avoir travaillées et mises en œuvre, ou même pour en louer simplement l'usage.

Toute entreprise de manufactures, de commission de transport par terre ou par eau.

Toute entreprise de fournitures, d'agences, bureaux d'affaires, établissemens de ventes à l'encan, de spectacles publics.

Toute opération de change, banque et courtage.

Toutes les opérations des banques publiques, toutes obligations entre négocians, marchands et banquiers.

Entre toutes personnes, les lettres de change ou remises d'argent faites de place en place.

Art. 633. — La loi répute également actes de commerce :

Toute entreprise de construction, et tous achats, ventes et reventes de bâtimens pour la navigation intérieure et extérieure.

Toutes expéditions maritimes, tout achat ou vente d'agrès apparaux et avitaillemens.

Tout affrettement ou nollissement, emprunt ou prêt à la grosse; toutes assurances et autres contrats concernant le commerce de mer.

Tous accords et conventions pour salaires et loyers d'équipages.

Tous engagemens de gens de mer pour le service de batimens de commerce.

Art. 634. — Les tribunaux de commerce connaîtront également :

1° Des actions contre les facteurs, commis des marchands ou leurs serviteurs, pour le fait seulement du trafic du marchand auquel ils sont attachés.

2° De billets faits par les receveurs, payeurs, percepteurs et autres comptables des deniers publics.

Art. 635. — Ils connaîtront enfin,

1° Du dépôt de bilan et des registres du commerçant en faillite, de l'affirmation et de la vérification des créances.

2° Des oppositions au concordat, lorsque les moyens de l'opposant seront fondés sur des actes en opérations, dont la connaissance est attribuée par la loi aux juges des tribunaux de commerce.

Dans tous les autres cas ces oppositions seront jugées par les tribunaux civils.

En conséquence toute opposition au concordat contiendra les moyens de l'opposant à peine de nullité.

3° De l'homologation du traité entre le failli et ses créanciers.

4° De la cession de biens faite par le failli pour la partie qui en est attribuée aux tribunaux de commerce, par l'article 901 du Code de procédure civile.

———

« En cas de contrefaçon de dessins et produits des fa-
« briques et manufactures, et pour avoir la faculté d'en
« revendiquer par la suite la propriété devant le tribunal
« de commerce, une ordonnance royale a été rendue le
« 17 août 1825, elle est ainsi conçue :

Sur le rapport de notre ministre secrétaire d'État au département de l'intérieur :

Sur le compte qui nous a été rendu des réclamations élevées par plusieurs manufacturiers, dont les fabriques sont situées hors du ressort d'un conseil de prud'hommes, pour qu'il leur fut indiqué un lieu de dépôt légal des dessins de leur invention, afin d'avoir la faculté d'en revendiquer par la suite la propriété devant le tribunal de commerce ;

Vu la loi du 18 mars 1806, titre II, section III, la loi du 12 avril 1803 (22 germinal an XI, art. 18);

Notre Conseil d'État entendu :

Nous avons ordonné et ordonnons ce qui suit :

Art. 1. — Le dépôt des échantillons de dessins qui doit être fait, conformément à l'art. 15 de la loi du 18 mars 1806, aux archives des conseils de prud'hommes, pour les fabriques situées dans le ressort de ces conseils, sera reçu, pour toutes les fabriques situées hors du ressort d'un conseil de prud'hommes, au greffe du tribunal de commerce, ou au greffe du tribunal de première instance, dans les arrondissemens où les tribunaux civils exerceront la juridiction des tribunaux de commerce.

Art. 2. — Ce dépôt se fera dans les formes prescrites pour le même dépôt aux archives des conseils de prud'hommes, par les art. 15, 16 et 18, sect. III, tit. II, de la loi du 18 mars 1806.

Il sera reçu gratuitement, sauf le droit du greffier, pour la délivrance du certificat constatant ledit dépôt.

Art. 636. — Lorsque les lettres de change ne seront réputées que simples promesses, aux termes de l'art. 112, ou lorsque les billets à ordre ne porteront que des signatures d'individus non négocians, et n'auront pas pour occasion des opérations de commerce, trafic, change, banque ou courtage, le tribunal de commerce sera tenu de renvoyer au tribunal civil, s'il en est requis par le défendeur.

Art. 637. — Lorsque ces lettres de change et ces billets à ordre, porteront en même temps des signatures d'individus négocians et d'individus non négocians, le tribunal de commerce en connaîtra, mais il ne pourra prononcer la contrainte par corps, contre les individus non négocians, à moins qu'ils ne se soient engagés à l'occasion d'opérations de commerce, trafic, banque ou courtage.

Art. 638. — Ne seront point de la compétence des tribunaux de commerce, les actions intentées contre un propriétaire cultivateur ou vigneron , pour vente de denrées provenant de son cru , les actions intentées contre un commerçant pour paiement de denrées et de marchandises achetées pour son usage particulier.

Néanmoins les billets souscrits par un commerçant seront censés faits pour son commerce , et ceux des receveurs, payeurs, percepteurs ou autres comptables de deniers publics , seront censés faits pour leur gestion , lorsqu'une autre cause n'y sera point énoncée.

Art. 639. — Les tribunaux de commerce jugeront en dernier ressort :

1° Toutes les demandes dont le principal n'excédera pas 1,000 fr.

2° Toutes celles où les parties justiciables de ces tribunaux et usant de leurs droits, auront déclaré vouloir être jugées définitivement et sans appel.

Art. 640. — Dans les arrondissemens où il n'y aura pas de tribunaux de commerce, les juges du tribunal civil exerceront les fonctions, et connaîtront des matières attribuées aux juges de commerce par la présente loi.

Art. 641. — L'instruction dans ce cas, aura lieu dans la même forme que devant les tribunaux de commerce, et les jugemens produiront les mêmes effets.

De la Forme de procédure devant les Tribunaux de commerce.

Art. 642. — La forme de procéder devant les tribunaux de commerce sera suivie telle qu'elle a été réglée par le titre xxv, du livre ii, de la première partie du Code de procédure civile.

Art. 643. — Néanmoins les art. 156 , 158 et 159 , du même code, relatifs aux jugemens par défaut, rendus par les tribunaux inférieurs seront applicables aux jugemens par défaut, rendus par les tribunaux de commerce.

Art. 644. — Les appels des jugemens des tribunaux d commerce seront portés par-devant les cours dans le ressor^e desquelles ces tribunaux sont situés.

De la Forme de procéder devant les Cours royales.

Art. 645. — Le délai pour interjeter appel des juge- mens des tribunaux de commerce, sera de 3 mois à comp- ter du jour de la signification du jugement pour ceux qui auront été rendus contradictoirement du jour de l'expira- tion du délai de l'opposition pour ceux qui auront été rendus par défaut. L'appel pourra être interjeté le même jour du jugement.

Art. 646. — L'appel ne sera pas reçu lorsque le principal n'excédera pas la somme ou la valeur de 1,000 fr., encore que le jugement n'énonce pas qu'il est rendu en dernier ressort, et même quand il énoncerait qu'il est rendu à la charge de l'appel.

Art. 647. — Les Cours royales ne pourront en aucun cas, à peine de nullité et même de dommages-intérêts des parties, s'il y a lieu, accorder des défenses, ni surseoir à l'exécution des jugemens des tribunaux de commerce, quand même ils seraient attaqués d'incompétence, mais elles pourront, suivant l'exigence des cas, accorder la per- mission de citer extraordinairement à jour et heure fixes pour plaider sur l'appel.

Art. 648. — Les appels des jugemens des tribunaux de commerce seront instruits et jugés dans les cours, comme appels de jugemens rendus en matière sommaire. La procédure jusques et y compris l'arrêt définitif, sera conforme à celle qui est prescrite pour les causes d'appel en matière civile, au livre 3 de la première partie du Code de procédure civile.

LOI SUR LA CONTRAINTE PAR CORPS.

LOUIS-PHILIPPE, Roi des Français, a tous présens et à venir, salut.

Palais des Tuileries, 17 avril 1832.

TITRE Iᵉʳ.

DISPOSITIONS RELATIVES A LA CONTRAINTE PAR CORPS EN MATIÈRE DE COMMERCE.

Art. 1ᵉʳ. — La contrainte par corps sera prononcée, sauf les exceptions et les modifications ci-après, contre toute personne condamnée pour dette commerciale au paiement d'une somme de 200 fr. et au-dessus.

Art. 2. — Ne sont point soumis à la contrainte par corps en matière de commerce,

1° Les femmes et les filles non légalement réputées marchandes publiques;

2° Les mineurs non commerçans ou qui ne sont point réputés majeurs pour fait de leur commerce;

3° Les veuves et héritiers des justiciables des tribunaux de commerce assignés devant ces tribunaux en reprise d'instance, ou par action nouvelle en raison de leur qualité.

Art. 3. — Les condamnations prononcées par les tribunaux de commerce contre des individus non négocians pour signatures apposées soit à des lettres de change réputées simples promesses, aux termes de l'art. 112 du Code de commerce, soit à des billets à ordre, n'emportent point la contrainte par corps, à moins que ces signatures et engagemens n'aient eu pour cause des opérations de commerce, trafic, change, banque ou courtage.

Art. 4. — La contrainte par corps, en matière de commerce, ne pourra être prononcée contre les débiteurs qui auront commencé leur soixante-dixième année.

Art. 5. — L'emprisonnement pour dette commerciale cessera de plein droit après un an, lorsque le montant de la condamnation principale ne s'élèvera pas à 500 fr. ; après deux ans lorsqu'il ne s'élèvera pas à 1000 fr. ; après trois ans lorsqu'il ne s'élèvera pas à 3000 fr. ; après cinq ans lorsqu'il sera de 5000 fr. et au-dessus.

Art. 6. — Il cessera pareillement de plein droit, le jour ou le débiteur aura commencé sa soixante-dixième année.

TITRE II.

DISPOSITIONS RELATIVES A LA CONTRAINTE PAR CORPS CONTRE LES ÉTRANGERS.

Art. 14. — Tout jugement qui interviendra au profit d'un Français contre un étranger non domicilié en France, emportera la contrainte par corps, à moins que la somme principale de la condamnation ne soit inférieure à 150 fr., sans distinction entre les dettes civiles et les dettes commerciales.

Art. 15. — Avant le jugement de condamnation, mais après l'échéance ou l'exigibilité de la dette, le président du tribunal de première instance, dans l'arrondissement duquel se trouvera l'étranger non domicilié, pourra, s'il y a de suffisans motifs, ordonner son arrestation provisoire, sur la requête du créancier français.

Dans ce cas le créancier sera tenu de se pourvoir en condamnation dans la huitaine de l'arrestation du débiteur, faute de quoi celui-ci pourra demander son élargissement. Sa mise en liberté sera prononcée par ordonnance de référé, sur une assignation donnée au créancier par l'huissier que le président aura commis dans l'ordonnance même qui autorisait l'arrestation, et à défaut de cet huissier, par tel autre qui sera commis spécialement.

Art. 16. — L'arrestation provisoire n'aura pas lieu ou cessera, si l'étranger justifie qu'il possède sur le territoire français un établissement de commerce ou des immeubles, le tout d'une valeur suffisante pour assurer le paiement de la dette, ou s'il fournit pour caution une personne domiciliée en France et reconnue solvable.

Art. 17. — La contrainte par corps exercée contre un étranger en vertu de jugement pour dette civile ordinaire, ou pour dette commerciale, cessera de plein droit après deux ans, lorsque le montant de la condamnation principale ne s'élèvera pas à 500 fr. ; après quatre ans lorsqu'il ne s'élèvera pas à 1000 fr. ; après six ans lorsqu'il ne s'élèvera pas à 3000 fr. ; après huit ans lorsqu'il ne s'élèvera pas à 5000 fr. ; après dix ans lorsqu'il sera de 5000 fr. et au-dessus.

S'il s'agit d'une dette civile pour laquelle un Français serait soumis à la contrainte par corps, les dispositions de l'art. 7 seront applicables aux étrangers, sans que toutefois le minimum de la contrainte puisse être au-dessous de deux ans.

Art. 18. — Le débiteur étranger condamné pour dette commerciale jouira du bénéfice des art. 4 et 6 de la présente loi ; en conséquence la contrainte par corps ne sera point prononcée contre lui, ou elle cessera lorsqu'il aura commencé sa soixante-dixième année.

Il en sera de même à l'égard de l'étranger condamné pour dette civile, le cas de stellionat excepté.

La contrainte par corps ne sera pas prononcée contre les étrangers pour dettes civiles, sauf aussi le stellionat, conformément au 1er § de l'art. 2066 du Code civil, qui leur est déclaré applicable.

Art. 20. — Dans les affaires ou les tribunaux civils et de commerce statuent en dernier ressort, la disposition de leur jugement relative à la contrainte par corps sera sujette à l'appel, cet appel ne sera pas suspensif.

Art. 29. — La somme destinée aux alimens sera de 30 francs à Paris et de 25 francs dans les autres villes par chaque période de trente jours.

Art. 31. — Le débiteur élargi, faute de consignation d'alimens, ne pourra plus être incarcéré pour la même dette.

Art. 32. — Les dispositions du présent titre et celles du Code de procédure civile sur l'emprisonnement, auxquelles il n'est pas dérogé par la présente loi, seront applicables à l'exercice de toute contrainte par corps, soit pour dettes commerciales, soit pour dettes civiles, même pour celles qui sont énoncées à la deuxième section du titre 2 de la présente loi, et enfin à la contrainte par corps qui est exercée contre les étrangers.

Néanmoins, pour les cas d'arrestation provisoire, le créancier ne sera pas tenu de se conformer à l'art. 780 du Code de procédure qui prescrit une signification et un commandement préalable.

LES LIVRES ET PIÈCES PRODUITS EN JUSTICE
DOIVENT ÊTRE TIMBRÉS.

La loi du 13 brumaire an VII, fait défenses aux juges de prononcer aucun jugement, et aux administrations publiques de rendre aucun arrêté sur un acte, registre ou effet de commerce non écrit sur papier timbré du timbre présent, ou non visé pour timbre.

Aucun juge ou officier public ne pourra non plus coter et parapher un registre assujetti au timbre, si les feuilles n'en sont timbrées.

L'article 47 de la loi du 22 frimaire, même année, interdit pareillement aux juges de prononcer sur des actes non enregistrés, à peine d'être *personnellement* responsables des droits.

Enfin, l'article 57 de la loi du 28 avril 1816 ajoute aux dispositions qui précèdent, et prononce que le double droit sera dû et pourra être exigé ou perçu lors de l'enregistrement du jugement intervenu, toutes les fois que des écrits, billets, marchés, facture, lettre ou tout autre titre émané du défendeur, n'auraient pas été enregistrés avant la demande.

La même loi, du 28 avril 1816, art. 74, dispose qu'aucun livre assujetti au timbre par les lois, ne pourra être produit en justice, ou devant des arbitres, déposé à un greffe en cas de faillite, ni énoncé dans aucun acte, s'il n'est timbré, ou si l'amende n'a été acquittée.

Aucun concordat ne pourra être rédigé sans énoncer si les registres du failli sont revêtus des formalités ci-dessus, ni recevoir d'exécution avant que les amendes aient été payées.

L'amende pour contravention aux dispositions ci dessus était de 500 francs.

La loi du 16 juin 1824 a réduit et modifié le droit de timbre et d'amende pour contravention fixée par les lois antérieures.

ATTRIBUTIONS DES TRIBUNAUX DE COMMERCE.

« Ils concourent à l'élection des membres de la chambre
« de commerce, ils donnent leur avis pour la nomination
« des courtiers et reçoivent leur serment, ainsi que celui
« des agens de change et des courtiers gourmets piqueurs
« de vins. Ils concourent à la formation du tableau des
« marchandises que les courtiers peuvent vendre avec leur
« autorisation, ils présentent à la nomination du Roi les
« officiers gardes de commerce, nomment leurs agréés
« et huissiers audienciers, donnent leur avis pour la no-
« mination du greffier et reçoivent son serment, désignent
« les journaux pour l'insertion des actes de société et rè-
« glent le tarif de l'impression. Ils nomment et reçoivent
« aussi le serment des traducteurs et interprètes ».

CHAMBRES DE COMMERCE.

A l'avenir les chambres de commerce et les chambres
consultatives des arts et manufactures seront renouvelées
dans une assemblée composée :

1° Des membres du tribunal de commerce.

2° De ceux de la chambre du commerce ou de la chambre consultative y compris les membres sortans.

3° Des membres du conseil de prud'hommes, là où il
se trouve un tel conseil.

4° De notables, en nombre égal au nombre des membres dont sont composés le tribunal et la chambre de commerce ou la chambre consultative, et néanmoins au nombre de vingt au moins.

- Voir l'ordonnance royale du 15 juin 1832.

DES COURTIERS DE COMMERCE.

Les tribunaux de commerce, aux termes de l'ordonnance royale du 3 juillet 1816, concernant le mode de

nomination des courtiers de commerce et la transmission de leur charge , soit par eux-mêmes , soit par leurs veuves et héritiers , sont appelés à donner leur avis motivé sur l'aptitude et la réputation de probité du candidat présenté, en se conformant d'ailleurs aux art. 88 et 89 du Code de commerce, et aux art. 6 et 7 de l'arrêté du 29 germinal an IX (19 avril 1800).

Les demandes sont ensuite communiquées par le préfet au syndic adjoint des agens de change et des courtiers pour avoir leurs observations. Partout où il n'existe pas de syndics adjoints l'avis favorable du tribunal de commerce suffit.

Les agens de change et les courtiers de commerce ne sont admis à prêter serment devant le tribunal de commerce , qu'après avoir justifié de l'acquit de leur cautionnement au Trésor royal (Article 96 de la loi du 28 avril 1816).

DES COURTIERS GOURMETS PIQUEURS DE VINS.

Un décret du 15 décembre 1813, institue à Paris des courtiers gourmets piqueurs de vins , leur nombre est fixé à 50. Les courtiers gourmets piqueurs de vins sont nommés par le Ministre du commerce , sur la présentation du préfet de police , à la charge de produire un certificat de capacité des syndics des marchands de vins. Ils prêtent serment devant le tribunal de commerce après la justification de l'acquit de leur cautionnement.

VENTES PUBLIQUES ET AUX ENCHÈRES
PAR LE MINISTÈRE DE COURTIERS DE COMMERCE.

Les courtiers de commerce peuvent , en exécution de l'art. 492 du Code de commerce , et sous l'autorisation du commissaire , procéder à la vente des effets et marchandises des faillis par la voie des enchères publiques et à la bourse.

Le décret du 22 novembre 1811, à cet égard, porte ce qui suit :

Les ventes publiques des marchandises à la bourse et aux enchères, que l'art. 492 du Code de commerce autorise les courtiers de commerce à faire en cas de faillite, pourront être faites par eux dans tous les cas, même à Paris, avec l'autorisation du tribunal de commerce, donnée sur requête.

Postérieurement, et le 17 avril 1812, fut rendu un décret réglementaire pour qu'on pût distinguer les attributions des courtiers de commerce de celles des commissaires priseurs et autres officiers ministériels, et, à cet effet, un tableau ou nomenclature des diverses espèces de marchandises, que les courtiers de commerce pourraient vendre à la bourse et aux enchères après l'autorisation du tribunal de commerce, donnée sur enquête, fût dressé et annexé audit décret.

C'est aux tribunaux de commerce et aux chambres de commerce qu'il appartiendra de dresser les états des marchandises dont il pourrait être nécessaire d'autoriser la vente à la bourse par le ministère des courtiers de commerce. Ce travail devra être soumis à l'approbation du Ministre du commerce.

Dans toutes les villes, et lorsqu'il s'agira de procéder à de telles ventes, et avant *que les tribunaux de commerce puissent accorder leur autorisation*, sauf le cas de faillite, les courtiers déposeront au greffe une déclaration sur papier timbré du négociant, fabricant ou commissionnaire qui aura demandé la faculté de vendre aux enchères, portant que les marchandises à vendre à la bourse en vente publique et aux enchères, sont sa propriété ou qu'elles lui ont été adressées avec autorisation de les vendre, et à les réaliser par la voie de la vente publique et à la bourse, ou bien que le produit desdites marchandises doit servir à rembourser des avances faites, etc.

Les lots ne pourront être, d'après l'évaluation approximative et selon le cours moyen des marchandises, au-dessous de 2,000 francs pour la place de Paris, et de 1,000 francs pour les autres places de commerce.

Les tribunaux de commerce pourront les fixer à un taux plus élevé, mais dans aucun cas, les lots ne pourront excéder une valeur de 5,000 francs.

L'ordonnance royale du 1er juillet 1818 s'exprime ainsi : Lorsqu'il y aura lieu à faire quelques changemens dans le tableau des espèces de marchandises que les courtiers de commerce à Paris peuvent vendre à la bourse et aux enchères, dans les formes déterminées par le décret du 17 avril 1812, et l'art. 74 de la loi du 15 mai 1818, le tribunal de commerce et la chambre de commerce de Paris, concourront à ces changemens dans le même sens que l'ordonne, pour le reste du royaume, l'art. 2 du décret précité ; leurs avis seront soumis au ministère de l'intérieur qui statuera. En exécution de cette ordonnance, le tribunal de commerce et la chambre de commerce de Paris ont rédigé un nouveau tableau de marchandises plus en rapport avec les besoins du commerce.

Ce tableau a reçu l'approbation du Ministre du commerce, le 22 février 1828.

Enfin, de nouvelles modifications furent apportées au décret de 1812.

L'ordonnance royale du 9 avril 1819, dispose : Art. 1er. Les ventes publiques de marchandises à l'enchère faites par le ministère des courtiers, pourront avoir lieu au domicile du vendeur, dans la ville où il n'y aura pas de local affecté à la bourse et fréquenté par les commerçans.

Il sera prononcé sur cette faculté par les tribunaux de commerce auxquels, en vertu de l'art. 492 du Code de commerce, des décrets des 22 novembre 1811 et 17 avril 1812, et de l'art. 74 de la loi du 15 mai 1818, il appartient d'autoriser les ventes publiques de marchandises par le ministère de courtiers.

Dans les villes où la bourse est ouverte et fréquentée, les tribunaux de commerce pourront aussi permettre la vente à domicile ou ailleurs, mais seulement dans le cas où ils estimeront que l'état et la nature de la marchandise ne permet pas qu'elle soit exposée en vente à la bourse ou qu'elle y soit vendue sur échantillons.

Dans tous les cas l'ordonnance du tribunal fixera le lieu et l'heure des ventes, de manière que la réunion des courtiers et le concours des acheteurs puisse leur conserver le même degré de publicité.

Il ne pourra être mis aux enchères dans lesdites ventes que les marchandises spécifiées dans l'ordonnance du tribunal, lesquelles ne pourront être d'autre espèce que celles qui sont comprises aux états dressés en conformité du décret du 17 avril 1812 et l'ordonnance du 1er juillet 1818.

Les tribunaux de commerce pourront, par leurs ordonnances motivées, déroger à la fixation du maximum et du minimum de la valeur des lots, portés au décret du 17 avril 1812, s'ils reconnaissent que les circonstances exigent cette exception, sous la réserve néanmoins qu'ils ne pourront autoriser la vente des articles pièce à pièce ou en lots, à la portée immédiate des particuliers consommateurs, mais seulement en nombre ou quantité suffisans d'après les usages, pour ne pas contrarier les opérations du commerce en détail.

Les commissaires priseurs à Paris ont pensé pouvoir s'opposer à des ventes faites en vertu des dispositions qui précédent. Des instances se sont engagés en première instence et en cour royale, et un arrêt de la cour de cassation vient de confirmer et de reconnaître aux courtiers de commerce, le droit de vendre, non-seulement les effets et marchandises des faillis, mais toutes autres espèces de marchandises, désignées dans les tableaux dont il vient d'être parlé, et après avoir obtenu l'autorisation du tribunal.

Cet arrêt est du 9 janvier 1833. Des motifs d'économie ont souvent déterminé à employer le ministère des courtiers ; en effet, les droits qu'ils sont autorisés à percevoir sur les ventes sont de 170. tandis qu'il est attribué aux commissaires priseurs (loi du 27 ventôse an ix), 8 p. % lorsque la vente est inférieure à 1,000 fr. ; 7 p. % quand elle s'élève à 4,000 et 5 p. % au-dessous de cette somme, plus 6 fr. pour la prisée.

Les noms et demeures des courtiers doivent être inscrits sur un tableau placé dans un lieu apparent au tribunal de commerce ou à la bourse. (Art 10 de l'arrêté du 19 germinal an ix).

DES GARDES DU COMMERCE.

Pour l'exécution des jugements emportant la contrainte par corps, il a été établi pour la ville de Paris, à l'exclusion des huissiers, des gardes du commerce. Ces officiers sont nommés par le Roi, sur la présentation du tribunal de première instance et du tribunal de commerce.

Le décret du 14 mars 1808 règle tout ce qui est relatif à leurs fonctions.

AGRÉÉS.

Les tribunaux de commerce, dans certaines localités où le besoin en était plus particulièrement reconnu, se sont attachés des agréés. Ces défenseurs, nommés par les tribunaux de commerce, ne sont point imposés aux justiciables qui peuvent choisir tous autres mandataires pour les défendre, ils leur sont seulement présentés comme plus dignes de leur confiance, tant sous le rapport du talent que de la probité. (Voir la discussion du conseil d'État sur la rédaction de l'art. 414 du Code de procédure civile, Locré, tome IV).

Les agréés prêtent serment, devant le tribunal ou la chambre du conseil, de bien et fidèlement remplir leurs fonctions avec honneur et probité, et de se conformer aux arrêtés et règlemens du tribunal.

Les vacations, émolumens et honoraires des agréés qui ne peuvent cependant entrer en taxe, sont fixés d'une manière modérée par un règlement d'ordre intérieur.

HUISSIERS AUDIENCIERS.

Les tribunaux, pour le service intérieur des audiences, peuvent choisir dans la communauté des huissiers ceux qu'ils jugeront les plus dignes de leur confiance. Les huissiers ainsi désignés prendront le titre d'huissiers audienciers. Ils ont pour ce service particulier une indemnité qui se trouve réglée par les dispositions du décret du 14 juin 1813.

DES GREFFIERS.
Extrait du décret du 18 août 1810.

Art. 24. —. Les greffiers de nos tribunaux de première instance seront tenus de présenter au tribunal et de faire admettre au serment le nombre de commis greffiers nécessaire pour le service.

Art. 25. — Le greffier pourra se faire suppléer auprès des juges d'instruction, ainsi qu'aux audiences, tant du tribunal de première instance que des Cours d'assises et des cours spéciales, par ses commis greffiers assermentés. Il se conformera, au surplus, aux dispositions du titre IV, du décret du 30 mars 1808.

Art. 26. — Le président du tribunal et le procureur général pourront, s'il y a lieu, avertir ou réprimander les commis assermentés.

Après une seconde réprimande le tribunal pourra, sur la réquisition du ministère public, après avoir entendu le commis greffier inculpé, ou lui dûment appelé, ordonner qu'il cessera ses fonctions sur-le-champ, et le greffier sera tenu de le faire remplacer dans le délai qui aura été fixé par le tribunal.

Art. 27. — Le greffier est solidairement responsable des amendes, restitutions, dépens et dommages-intérêts, résultant des contraventions, délits ou crimes dont ses commis se seraient rendus coupables dans l'exercice de leurs fonctions, sauf son recours contre eux ainsi que de droit.

Les greffiers, porte l'article 91 de la loi du 26 avril 1816, pourront présenter à l'agrément de Sa Majesté des successeurs, pourvu qu'ils réunissent les qualités exigées par les lois.

Ils prêtent serment devant les tribunaux près desquels ils exercent leurs fonctions (Loi du 24 août 1790, tit. 9).

DES SOCIÉTÉS COMMERCIALES.

DE LEUR PUBLICATION.

Loi du 31 mars 1833.

Chaque année, dans la première quinzaine de janvier, les tribunaux de commerce désigneront au chef-lieu de leur ressort, et à défaut dans la ville la plus voisine, un ou plusieurs journaux où devront être insérés dans la quinzaine de leur date les extraits d'actes de société, en nom collectif ou en commandite, et règleront le tarif de l'impression de ces extraits.

Il sera justifié de cette insertion par un exemplaire du journal certifié par l'imprimeur, légalisé par le maire et enregistré dans les trois mois de sa date.

En cas d'omission de ces formalités, il y aura lieu à l'application des dispositions pénales de l'article 42 du Code de commerce (dernier alinéa).

TRADUCTEURS ET INTERPRÈTES DE LANGUES.

Les traducteurs et interprètes sont nommés par les tribunaux de commerce, lorsqu'ils en forment la demande et que la nécessité en est reconnue. Leur nomination résulte du rapport d'une commission d'enquête qui est appelée à donner des renseignemens, tant sur la moralité que sur la capacité des postulans. Ils ne sont admis à prêter serment devant les tribunaux qu'après l'accomplissement de cette formalité.

CODE CIVIL.

EXTRAITS.

Des Contrats et des Obligations conventionnels en général.

Art. 1101. — Le contrat est une convention par laquelle une ou plusieurs personnes s'obligent envers une ou plusieurs autres, à donner à faire ou à ne pas faire quelque chose.

Des Conditions essentielles pour la validité des conventions.

Art. 1108. — Quatre conditions sont essentielles pour la validité d'une convention :

Le consentement de la partie qui s'oblige ;

Sa capacité de contracter ;

Un objet certain qui forme la matière de l'engagement ;

Une cause licite dans l'obligation.

Du Consentement.

Art. 1109. — Il n'y a pas de consentement valable, si le consentement n'a été donné que par erreur, ou s'il a été extorqué par violence ou surpris par dol.

De la Capacité des parties contractantes.

Art. 1123. — Toute personne peut contracter si elle n'en est pas déclarée incapable par la loi.

Art. 1124. — Les incapables de contracter sont :

Les mineurs,

Les interdits,

Les femmes mariées, dans les cas exprimées par la loi ; et généralement tous ceux à qui la loi interdit certains contrats.

De l'Objet et de la Matière des contrats.

Art. 1126. — Tout contrat a pour objet une chose qu'une partie s'oblige à donner, ou qu'une partie s'oblige à faire ou à ne pas faire.

De la Cause.

Art. 1131. — L'obligation sans cause ou sur une fausse cause, ou sur une cause illicite, ne peut avoir aucun effet.

De l'effet des Obligations.

Art. 1134. — Les conventions légalement formées tiennent lieu de loi à ceux qui les ont faites.

Elles ne peuvent être révoquées que de leur consentement mutuel, ou pour les causes que la loi autorise. Elles doivent être exécutées de bonne foi.

De l'Obligation de donner.

Art. 1136. — L'obligation de donner emporte celle de livrer la chose et de la conserver jusqu'à la livraison, à peine de dommages-intérêts envers le créancier.

De l'Obligation de faire ou de ne pas faire.

Art. 1142. — Toute obligation de faire ou de ne pas faire se résout en dommages et intérêts, en cas d'inexécution de la part du débiteur.

Des Dommages et Intérêts résultant de l'inexécution de l'obligation.

Art. 1146. — Les dommages et intérêts ne sont dûs que lorsque le débiteur est en demeure de remplir son obligation, excepté néanmoins lorsque la chose que le débiteur s'était obligé de donner ou de faire, ne pouvait être donnée ou faite que dans un certain temps qu'il a laissé passer.

De l'Interprétation des Conventions.

Art. 1156. — On doit, dans les conventions, rechercher quelle a été la commune intention des parties, plutôt que de s'arrêter au sens littéral des termes.

De l'effet des Conventions à l'égard des Tiers.

Art. 1165. — Les conventions n'ont d'effet qu'entre les parties contractantes, elles ne nuisent point au tiers, et elles ne lui profitent que dans le cas prévu par l'art. 1021.

Des diverses espèces d'Obligations.

Art. 1168. — L'obligation est conditionnelle lorsqu'on la fait dépendre d'un événement futur et incertain, soit en la suspendant jusqu'à ce que l'événement arrive, soit en la résiliant, selon que l'événement arrivera ou n'arrivera pas.

Art. 1308. — Le mineur, commerçant, banquier ou artisan, n'est point restituable contre les engagemens qu'il a pris en raison de son commerce ou de son art.

De la preuve des Obligations et de celle du paiement.

Art. 1315. — Celui qui réclame l'exécution d'une obligation doit la prouver. Réciproquement celui qui se prétend libéré doit justifier le paiement ou le fait qui a produit l'extinction de son obligation.

De l'Acte sous seing privé.

Art. 1322. — L'acte sous seing privé reconnu par celui auquel on l'oppose, ou légalement tenu pour reconnu a, entre ceux qui l'ont souscrit et entre leurs héritiers et ayant-cause la même foi que l'acte authentique.

Art. 1325. — Les actes sous seing privé qui contiennent des conventions synallagmatiques, ne sont valables qu'autant qu'ils ont été faits en autant d'originaux qu'il y a de parties ayant un intérêt distinct, il suffit d'un original pour toutes les personnes ayant le même intérêt.

Chaque original doit contenir la mention du nombre

des originaux qui en ont été faits. Néanmoins, le défaut de mention que les originaux ont été faits double et triple, etc., ne peut être opposé par celui qui a exécuté de sa part la convention portée dans l'acte.

Art. 1326. — Le billet ou la promesse sous seing privé, par lequel une seule partie s'engage envers l'autre, à lui payer une somme d'argent en une chose appréciable, doit être écrit en entier de la main de celui qui le souscrit, ou du moins il faut, qu'outre sa signature, il ait écrit de sa main *un bon ou un approuvé, portant en toutes lettres la somme ou la quantité de la chose.*

Excepté dans le cas où l'acte émane de marchands, artisans, laboureurs, vignerons, gens de journée et de service.

Du Serment.

Art. 1357. — Le serment judiciaire est de deux espèces :

1° Celui qu'une partie défère à l'autre pour en faire dépendre le jugement de la cause, il est appelé décisoire ;

2° Celui qui est déféré d'office par le juge, à l'une ou à l'autre des parties.

Du Serment décisoire.

Art. 1358. — Le serment décisoire peut être déféré sur quelque espèce de contestation que ce soit.

Art. 1359. — Il ne peut être déféré que sur un fait personnel à la partie à laquelle on le défère.

Art. 1360. — Il peut être déféré en tout état de cause, et encore qu'il n'existe aucun commencement de preuve de la demande ou de l'exception sur laquelle il est provoqué.

Art. 1361. — Celui auquel le serment est déféré, qui le refuse ou ne consent pas à le référer à son adversaire, ou l'adversaire à qui il a été référé et qui le refuse, doit succomber dans sa demande ou dans son exception.

Art. 1362. — Le serment ne peut être référé quand le fait qui en est l'objet n'est point celui des deux parties, mais est purement personnel à celui auquel le serment aurait été déféré.

Art. 1363. — Lorsque le serment déféré ou référé a été fait, l'adversaire n'est point recevable à en prouver la fausseté.

Art. 1364. — La partie qui a déféré ou référé le serment, ne peut plus se rétracter lors que l'adversaire a déclaré qu'il est prêt à faire ce serment.

Art. 1365. — Le serment fait ne forme preuve qu'au profit de celui qui l'a déféré ou contre lui, et au profit de ses héritiers et ayant-cause contre eux.

Néanmoins, le serment déféré par l'un des créanciers solidaires au débiteur, ne libère celui-ci que pour la part de ce créancier ;

Le serment déféré au débiteur principal libère également les cautions ;

Celui déféré à l'un des débiteurs solidaires profite aux codébiteurs ;

Et celui déféré à la caution profite au débiteur principal.

Dans ces deux derniers cas, le serment du codébiteur solidaire ou de la caution, ne profite aux autres codébiteurs ou au débiteur principal que lorsqu'il a été déféré sur la dette, et non sur le fait de la solidarité ou du cautionnement.

De la Vente.

Art. 1582. — La vente est une convention par laquelle l'un s'oblige à livrer une chose, et l'autre à la payer.

Art. 1583. — Elle est parfaite entre les parties, et la propriété est acquise de droit à l'acheteur, à l'égard du vendeur, dès qu'on est convenu de la chose et du prix, quoique la chose n'ait pas encore été livrée ni le prix payé.

Des Obligations du Vendeur.

Art. 1602. — Le vendeur est tenu d'expliquer clairement ce et à quoi il s'oblige. Tout pacte obscur ou ambigu s'interprète contre le vendeur.

Art. 1603. — Il a deux obligations principales, celle de délivrer et celle de garantir la chose qu'il vend.

De la Garantie.

Art. 1625. — La garantie que le vendeur doit à l'acquéreur a deux objets. Le premier, est la possession paisible de la chose vendue, le second, les défauts cachés de cette chose ou les vices rédhibitoires.

De la Garantie des défauts de la chose vendue.

Art. 1641. — Le vendeur est tenu de la garantie à raison des défauts cachés de la chose vendue qui la rendent impropre à l'usage auquel on la destine, ou qui diminuent tellement cet usage, que l'acheteur ne l'aurait pas acquise, ou n'en aurait donné qu'un moindre prix s'il les avait connus.

Art. 1648. — L'action résultant des vices rédhibitoires doit être intentée par l'acquéreur dans un bref délai, suivant la nature des vices rédhibitoires, et l'usage du lieu où la vente a été faite.

(L'usage à Paris est de neuf jours.)

Des Obligations de l'Acheteur.

Art. 1650. — La principale obligation de l'acheteur est de payer le prix au jour et lieu réglés par la vente.

Obligations du Prêteur.

Art. 1899. — Le prêteur ne peut pas redemander les choses prêtées avant le terme convenu.

Art. 1900. — S'il n'a pas été fixé de terme pour la restitution, le juge peut accorder à l'emprunteur un délai suivant les circonstances.

Art. 1901. — S'il a été seulement convenu que l'emprunteur paierait quand il le pourrait, ou quand il en aurait les moyens, le juge lui fixera un terme de paiement suivant les circonstances.

DU MANDAT.

De la nature et de la forme du Mandat.

Art. 1984. — Le mandat ou procuration est un acte par lequel une personne donne à une autre le pouvoir de faire quelque chose pour le mandant et en son nom.

Le contrat ne se forme que par l'acceptation du mandataire.

Des Obligations du Mandataire.

Art. 1991. — Le mandataire est tenu d'accomplir le mandat tant qu'il en demeure chargé, et répond des dommages-intérêts qui pourraient résulter de son inexécution.

Il est tenu de même d'achever la chose commencée au décès du mandant, s'il y a péril en la demeure.

Des Obligations du Mandant.

Art. 1998. — Le mandant est tenu d'exécuter les engagemens contractés par le mandataire, conformément au pouvoir qui lui a été donné.

Il n'est tenu de ce qui a pu être fait au-delà, qu'autant qu'il l'a ratifié expressément ou tacitement.

Des différentes manières dont le Mandat finit.

Le mandat finit :

Art. 2003. — Par la révocation du mandataire ;

Par la renonciation de celui-ci au mandat ;

Par la mort naturelle ou civile, l'interdiction ou la déconfiture, soit du mandant, soit du mandataire.

Des Priviléges et Hypothèques.

Art. 2092 et suivans. — Quiconque s'est obligé personnellement, est tenu de remplir son engagement sur tous ses biens mobiliers et immobiliers présens et à venir.

De la Prescription.

Art. 2219. — La prescription est un moyen d'acquérir ou de se libérer par un certain laps de temps et sous les conditions déterminées par la loi.

CODE DE PROCÉDURE CIVILE,

—

EXTRAITS.

Des Ajournemens.

Art. 59. — Le défendeur sera assigné, en matière de société tant qu'elle existe, devant le juge du lieu où elle est établie. En matière de faillite, devant le juge du domicile du failli.

En matière de garantie, devant le juge où la demande originaire sera pendante.

En cas d'élection de domicile pour l'exécution d'un acte devant le tribunal du domicile élu, ou devant le tribunal du domicile réel du défendeur.

Des Audiences, de leur Publicité et de leur Police.

Art. 85 et suivans.

Des Jugemens.

Art. 116. — Les jugemens seront rendus à la pluralité des voix et prononcés sur-le-champ. Néanmoins les juges pourront se retirer dans la chambre du conseil pour y recueillir les avis; ils pourront aussi continuer la cause à une des prochaines audiences pour prononcer le jugement.

Des Jugemens par défaut et opposition.

Art. 149 et suivans. — Si le défendeur ne constitue pas avoué ou ne se présente pas, il sera donné défaut.

Art. 150. — Le défaut sera prononcé à l'audience sur l'appel de la cause, et les conclusions de la partie qui le requiert seront adjugées, si elles se trouvent justes et bien vérifiées; pourront néanmoins les juges faire mettre les pièces sur le bureau pour prononcer le jugement à l'audience suivante.

Art. 156. — Tous jugemens par défaut contre une partie qui n'a pas constitué d'avoué seront signifiés par un huissier, commis soit par le tribunal, soit par le juge du domicile du défaillant que le tribunal aura désigné, *ils*

*seront exécutoires dans les six mois de leur obtention,
sinon seront réputés non avenus.*

Nota. « La jurisprudence de la Cour de cassation est
« de regarder comme ayant constitué avoué celui qui de-
« mande la remise de la cause, ainsi on n'applique pas
« l'art. 156, et la péremption qui en résulte, aux jugemens
« par défaut sans égard à la remise, ou faute de plaider,
« mais seulement aux jugemens par défaut faute de com-
« paraître. »

Art. 158. — Si le jugement est rendu contre une partie
qui n'a pas d'avoué, l'opposition sera recevable jusqu'à
l'exécution du jugement.

Art. 159. — Le jugement est réputé exécuté, lorsque
les meubles saisis ont été vendus, ou que le condamné
a été emprisonné ou recommandé, ou que la saisie d'un
ou de plusieurs de ses immeubles lui a été notifiée, ou
que les frais ont été payés, ou enfin lorsqu'il y a quelqu'acte duquel il résulte nécessairement que l'exécution
du jugement a été connue de la partie défaillante. L'opposition formée dans les délais ci-dessus et dans les formes ci-après prescrites, suspend l'exécution, si elle n'a
pas été ordonnée nonobstant opposition.

Des Exceptions.

Art. 166. — Tous étrangers demandeurs principaux ou
intervenans seront tenus, si le défendeur le requiert,
avant toute exception, de fournir caution de payer les
frais et dommages et intérêts auxquels ils pourraient être
condamnés.

Des Pouvoirs.

Art. 168. — La partie qui aura été appelée devant un
tribunal autre que celui qui doit connaître de la contesta-

tion, pourra demander son renvoi devant les juges compétens.

Art. 169. — Elle sera tenue de former cette demande préalablement à toutes autres exceptions et défenses.

Des nullités.

Art. 173. — Toute nullité d'exploit ou d'acte de procédure est couverte, si elle n'est proposée avant toute défense ou exception, autre que les exceptions d'incompétence.

Des Exceptions dilatoires.

Art. 174. — L'héritier, la veuve, la femme séparée de biens, auront 3 mois pour faire inventaire, et 40 jours pour délibérer, etc.

Garantie.

Art. 175. — Celui qui prétendra avoir droit d'appeler en garantie, sera tenu de le faire dans la huitaine du jour de la demande originaire, outre un jour pour trois miriamètres de distance.

S'il y a plusieurs garans intéressés en la même garantie, il n'y aura qu'un seul délai pour tous, qui sera réglé selon la distance du lieu de la demeure du garant le plus éloigné.

Art. 176. — Si le garant prétend avoir droit d'en appeler un autre en sous-garantie, il sera tenu de le faire dans le délai ci-dessus, à compter du jour de la demande en garantie formée contre lui, ce qui sera successivement observé à l'égard du sous-garant ultérieur.

Des Enquêtes.

Art. 252. — « Le titre 12, art. 252 et suivans, règlent « toutes les formalités de rigueur qui doivent être obser-

« vées, à peine de nullité, dans la rédaction des procès
« verbaux d'enquête. »

Art. 292. — L'enquête ou la disposition déclarée nulle
par la faute du juge commissaire, sera recommencée à ses
frais ; les délais de la nouvelle enquête, ou de la nouvelle
audition de témoins; courront du jour de la signification
du jugement qui l'aura ordonnée. La partie pourra faire
entendre les mêmes témoins, et si quelques uns ne peuvent
être entendus, les juges auront tel égard que de raison aux
dépositions par eux faites dans la première enquête.

Procédure devant les Tribunaux de commerce.

Art. 414. — La procédure devant les tribunaux de
commerce se fait sans le ministère d'avoués.

Art. 415. — Toute demande doit y être formée par
exploit d'ajournement suivant les formalités prescrites au
titre des ajournemens.

Art. 416. — Le délai sera au moins d'un jour.

Art. 417. — Dans les cas qui requéreront célérité, le
président pourra permettre d'assigner, même de jour à
jour et d'heure à heure, et de saisir les effets mobiliers ;
il pourra, suivant l'exigence du cas, assujettir le demandeur à donner caution ou à justifier de solvabilité suffisante : ses ordonnances seront exécutoires nonobstant
opposition ou appel.

Art. 418. — Dans les affaires maritimes, l'assignation
d'heure à heure pourra être donnée sans ordonnance.

Art. 419. — Toutes assignations données à bord à la
personne assignée seront valables.

Art. 420. — Le demandeur pourra assigner à son choix
devant le tribunal de domicile du défendeur ;

Devant celui dans l'arrondissement duquel la promesse
a été faite et la marchandise livrée ;

Devant celui dans l'arrondissement duquel le paiement devait être effectué.

Art. 421. — Les parties seront tenues de comparaître en personne ou par le ministère d'un fondé de procuration spéciale.

Art. 422. — Si les parties comparaissent, et qu'à la première audience il n'intervienne pas jugement définitif, les parties non domiciliées dans le lieu ou siége le tribunal seront tenues d'y faire l'élection d'un domicile.

L'élection de domicile doit être mentionnée sur le plumitif de l'audience; à défaut de cette élection, toute signification, même celle du jugement définitif, sera faite valablement au greffe du tribunal.

Art. 423. — Les étrangers demandeurs ne peuvent être obligés en matière de commerce, à fournir une caution de payer les frais et dommages-intérêts auxquels ils pourront être condamnés, même lorsque la demande est portée devant un tribunal civil, dans les lieux où il n'y a pas de tribunal de commerce.

Art. 424. — Si le tribunal est incompétent en raison de la matière, il renverra les parties, encore que le déclinatoire n'ait pas été proposé.

Le déclinatoire pour toute autre cause ne pourra être proposé que préalablement à toute autre défense.

Art. 425. — Le même jugement pourra, en rejetant le déclinatoire, statuer sur le fond, mais par deux dispositions distinctes, l'une sur la compétence, l'autre sur le fond; les dispositions sur la compétence pourront toujours être attaquées par la voie de l'appel.

Art. 426. — Les veuves et héritiers des justiciables du tribunal de commerce y seront assignés en reprise, ou par action nouvelle, sauf si les qualités sont contestées, à les renvoyer aux tribunaux ordinaires, pour y être réglés et ensuite être jugés sur le fond au tribunal de commerce.

Art. 427. — Si une pièce produite est méconnue, dénuée ou arguée de faux, et que la partie persiste à s'en servir, le tribunal renverra devant les juges qui en doivent connaître, et il sera sursis au jugement de la demande principale.

Néanmoins, si la pièce n'est relative qu'à un des chefs de la demande, il pourra être passé outre au jugement des autres chefs.

Art. 428. — Le tribunal pourra dans tous les cas ordonner, même d'office, que les parties seront entendues en personne, à l'audience ou dans la chambre, et s'il y a empêchement légitime, commettre un des juges, ou même un juge de paix, pour les entendre, lequel dressera procès verbal de leurs déclarations.

Art. 429. — S'il y a lieu à renvoyer les parties devant des arbitres pour examen de comptes, pièces et registres, il sera nommé un ou trois arbitres pour entendre les parties, et les concilier si faire se peut, sinon donner leur avis.

S'il y a lieu à visite ou estimation d'ouvrages ou marchandises, il sera nommé un ou trois experts.

Les arbitres et les experts seront nommés d'office par le tribunal, à moins que les parties n'en conviennent à l'audience.

Art. 430. — La récusation ne pourra être proposée que dans les trois jours de la nomination.

Art. 431. — Le rapport des arbitres et experts sera déposé au greffe du tribunal.

Art. 432. — Si le tribunal ordonne la preuve par témoins, il y sera procédé dans les formes ci-dessus prescrites, pour les enquêtes sommaires. Néanmoins, dans les causes sujettes à appel, les dépositions seront rédigées par écrit par le greffier, et signées par le témoin ; en cas de refus, mention en sera faite.

Art. 433. — Seront observées dans la rédaction et l'expédition des jugemens, les formes prescrites par les art. 141 et 146 pour les tribunaux de première instance.

Art. 434. — Si le demandeur ne se présente pas, le tribunal donnera défaut, et renverra le défendeur de la demande.

Si le défendeur ne comparaît pas il sera donné défaut, et les conclusions du demandeur seront adjugées si elles se trouvent justes et bien vérifiées.

Art. 435. — Aucun jugement par défaut ne pourra être signifié que par un huissier commis à cet effet par le tribunal; la signification contiendra, à peine de nullité, élection de domicile dans la commune où elle se fait, si le demandeur n'y est domicilié.

Le jugement sera exécutoire un jour après la signification et jusqu'à l'opposition.

Art. 436. — L'opposition ne sera plus recevable après la huitaine du jour de la signification.

Art. 437. — L'opposition contiendra les moyens de l'opposant et assignation dans le délai de la loi : elle sera signifiée au domicile élu.

Art. 438. — L'opposition faite à l'instant de l'exécution par déclaration sur le procès verbal de l'huissier, arrêtera l'exécution, à la charge par l'opposant de la réitérer dans les trois jours par exploit contenant assignation, passé lequel délai elle sera censée non avenue.

Art. 439. — Les tribunaux de commerce pourront ordonner l'exécution provisoire de leurs jugemens, non-obstant l'appel et sans caution, lorsqu'il y aura titre non attaqué, ou condamnation précédente dont il n'y aura pas d'appel ; dans les autres cas l'exécution provisoire n'aura lieu qu'à la charge de donner caution ou de justifier de solvabilité suffisante.

Art. 440. — La caution sera présentée par acte signifié au domicile de l'appelant, s'il demeure dans le lieu où siége le tribunal, sinon au domicile par lui élu en exécution de l'art. 422, avec sommation à jour et heure fixes de se présenter au greffe, pour prendre communication sans déplacement, des titres de la caution, s'il est ordonné qu'elle en fournira, et à l'audience pour voir prononcer sur l'admission en cas de contestation.

Art. 441. — Si l'appelant ne comparaît pas ou ne conteste pas la caution, il fera sa soumission au greffe ; s'il conteste, il sera statué un jour indiqué par la sommation ; dans tous les cas, le jugement sera exécutoire, nonobstant opposition ou appel.

Art. 442. — Les Tribunaux de commerce ne connaîtront pas de l'exécution de leurs jugemens.

De l'Appel et de l'Instruction sur l'Appel.

Art. 443 et suivans. — Le délai pour interjeter appel sera de trois mois. Il courra pour les jugemens contradictoires du jour de la signification à personne ou à domicile.

Pour les jugemens par défaut, du jour où l'opposition ne sera plus recevable.

De la tierce Opposition.

Art. 474. — Une partie peut former tierce opposition à un jugement qui préjudicie à ses droits, et lors duquel ni elle ni ceux qu'elle représente n'ont été appelés.

4.

De la Requête civile.

Art. 480. — Les jugemens contradictoires rendus en dernier ressort par les tribunaux de première instance et les cours royales, et les jugemens par défaut rendus aussi en dernier ressort, et qui ne sont plus susceptibles d'opposition, pourront être rétractés, sur la requête de ceux qui auront été parties, ou dûment appelés pour les causes telles que dol personnel, violation de formes, décision sur choses non demandées, omission de pronoms sur l'un des chefs de demande, etc.

De la Prise à partie.

Art. 505. — Les juges peuvent être pris à partie pour cause de dol, fraude, concussion, déni de justice, etc.

Des Réceptions des Cautions.

Art. 517. — Le jugement qui ordonnera de fournir caution fixera le délai dans lequel elle sera présentée, et celui dans lequel elle sera acceptée ou contestée.

De la Liquidation des Dommages et Intérêts.

Art. 523 et suivans.

Des Redditions de Compte.

Art. 527. — Les comptables commis par justice seront poursuivis devant les juges qui les auront commis, etc.

De la Liquidation des Dépenses et Frais.

Art. 543. — La liquidation des dépenses et frais sera fait en matière sommaire par le jugement qui les adjugera.

De l'Exécution.

Art. 553 — *Les contestations élevées sur les exécutions des jugemens des tribunaux de commerce, seront portées au tribunal de première instance du lieu où l'exécution se poursuivra.*

Des Saisies, Arrêts et Oppositions.

Art. 557. — Tout créancier peut, en vertu de titres authentiques ou privés, saisir, arrêter entre les mains d'un tiers les sommes et effets appartenant à son débiteur ou s'opposer à leur remise.

Art. 558 et suivans. — S'il n'y a pas titre, le juge du domicile du débiteur, et même celui du domicile du tiers saisi pourront, sur requête, permettre la saisie, arrêt et opposition.

De l'Emprisonnement.

Art. 780. — Aucune contrainte par corps ne pourra être mise à exécution qu'un jour après la signification, avec commandement du jugement qui l'a prononcée.

Cette signification sera faite par un huissier commis par ledit jugement ou par le président du tribunal de première instance du lieu où se trouve le débiteur.

Art. 781. — Le débiteur ne pourra être arrêté :

1° Avant le lever et après le coucher du soleil ;

2° Les jours de fête légale ;

3° Dans les édifices consacrés au culte, et pendant les services religieux seulement ;

4° Dans le lieu et pendant la tenue des séances des autorités constituées.

5° Dans une maison quelconque, même dans son domicile, à moins qu'il eut été ainsi ordonné par le juge de paix du lieu, lequel juge de paix devra dans ce cas se transporter dans la maison avec l'officier ministériel.

Des Voies à prendre pour avoir une deuxième Expédition de jugement.

Art. 844. — La partie qui voudra se faire délivrer une deuxième grosse d'un jugement, présentera à cet effet requête au président du Tribunal de première instance, en vertu de l'ordonnance qui interviendra, elle fera sommation au greffier pour faire la délivrance à jour et heure indiqués, et aux parties intéressées, pour y être présentes; mention sera faite de cette ordonnance au bas de la deuxième grosse, ainsi que de la somme pour laquelle on pourra exécuter, si la créance est acquittée ou cédée en partie.

Art. 854. — Une seconde expédition exécutoire d'un jugement ne sera délivrée à la même partie qu'en vertu d'ordonnance du président du Tribunal où il aura été rendu.

Seront observées les formalités prescrites par l'art. 844.

Du Bénéfice de Cession.

Art. 901. — *Le débiteur admis au bénéfice de cession sera tenu de réitérer sa cession en personne et non par procureur, ses créanciers appelés à l'audience du Tribunal de commerce de son domicile,* et s'il n'y en a pas à la Maison Commune, un jour de séance, la déclaration du débiteur sera constatée, dans ce dernier cas, par procès verbal de l'huissier, qui sera signé par le maire.

Des Arbitrages.

Art. 1003 et suivans. — Toutes personnes peuvent compromettre sur les droits dont elles ont la libre disposition.

Le compromis peut être fait par procès verbal devant les arbitres choisis, ou par acte devant notaire, ou sous signature privée.

Le compromis désignera les objets en litige et les noms des arbitres, à peine de nullité.

Le compromis sera valable, encore qu'il ne fixe pas de délai, et en ce cas la mission des arbitres ne durera que trois mois, du jour du compromis, etc.

CODE D'INSTRUCTION CRIMINELLE.

Des Délits contraires au respect dû aux Autorités constituées.

Art. 504. — Lorsqu'à l'audience ou en tout autre lieu où se fait publiquement une instruction judiciaire, l'un ou plusieurs des assistans donneront des signes publics soit d'approbation, soit d'improbation, ou exciteront du tumulte de quelque manière que ce soit, le président ou le juge les fera expulser ; s'ils résistent à ses ordres, ou s'ils rentrent, le président ou le juge ordonnera de les arrêter et conduire dans la maison d'arrêt. Il sera fait mention de cet ordre dans le procès verbal, et sur l'exhibition qui en sera faite au gardien de la maison d'arrêt, les perturbateurs y seront reçus et retenus pendant vingt-quatre heures.

CODE PÉNAL.

Déni de Justice.

Art. 185 et suivans. — Tout juge ou tribunal, tout administrateur ou autorité administrative, qui, sous quelque prétexte que ce soit, même du silence ou de l'obscurité de la loi, aura dénié de rendre la justice qu'il doit aux parties, après en avoir été requis, et qui aura persévéré dans son déni après avertissement ou injonction de ses supérieurs, pourra être poursuivi, et sera puni d'une amende de 200 francs au moins et de 500 francs au plus, et de l'interdiction de l'exercice des fonctions publiques depuis cinq ans jusqu'à vingt.

Outrages et Violences envers les Dépositaires de l'Autorité et de la Force publique.

Art. 222. — Lorsqu'un ou plusieurs magistrats de l'ordre administratif ou judiciaire auront reçu, dans l'exercice de leurs fonctions, ou à l'occasion de cet exercice, quelqu'outrage par paroles tendant à inculper leur honneur ou leur délicatesse, celui qui les aura ainsi outragés, sera puni d'un emprisonnement d'un mois à deux ans.

Si l'outrage a eu lieu à l'audience d'une Cour ou d'un Tribunal, l'emprisonnement sera de deux à cinq ans.

Art. 223. — L'outrage fait par gestes ou menaces à un magistrat, et dans l'exercice ou à l'occasion de l'exercice de ses fonctions, sera puni d'un mois à six mois d'emprisonnement ; si l'outrage a eu lieu à l'audience d'une Cour ou d'un Tribunal, il sera puni d'un emprisonnement d'un mois à deux ans.

MODÈLES DE JUGEMENS.

Jugement par défaut.

Après en avoir délibéré conformément à la loi ;

Considérant que la demande ni le titre qui est billet à ordre, non plus que les qualités, ne sont contestés par les défendeurs qui ne comparaissent pas ;

Le Tribunal, jugeant en premier ressort, donne au demandeur requérant défaut contre les défendeurs, et, pour le profit, condamne ces derniers solidairement à payer au demandeur la somme de mille trois cents francs, montant du billet dont il s'agit, avec les intérêts suivant la loi, à satisfaire à tout ce que dessus, seront les défendeurs contraints par les voies de droit et même par corps, conformément à la loi du 17 avril 1832 ; condamne en outre les défendeurs aux dépens, et même au coût de l'enregistrement du présent jugement, lesquels dépens sont taxés à la somme de   , y compris l'enregistrement du pouvoir, celui du billet, le protêt, l'assignation, le droit de mise au rôle, l'appel, la rédaction, le papier du plumitif, celui de l'expédition, les rôles du présent jugement, et non compris son enregistrement ;

Ordonne que le présent jugement sera exécuté selon sa forme et teneur, et, en cas d'appel, par provision sur le principal et les intérêts seulement, sans qu'il soit besoin, pour le demandeur, de donner caution, conformément à l'article 439 du Code de procédure civile, et pour signifier le présent jugement, aux termes des articles 435 et 780 du même Code, le tribunal d'office commet l'un de ses huissiers audienciers.

Jugement qui déboute de renvoi, condamne par défaut faute de répondre au fond ; continue la cause sur la contrainte par corps, et accorde du temps pour payer à l'un des assignés qui en demande.

Après en avoir délibéré conformément à la loi ;

Considérant que la demande ni le titre , qui est billet à ordre, non plus que la qualité ne sont contestés par le sieur B. , qui se reconnaît débiteur et promet payer, en lui accordant terme et délai.

Et à l'égard du sieur C. ;

Attendu qu'au titre figure la signature d'un justiciable ; attendu les dispositions de l'art. 637 du Code de commerce ;

Le Tribunal jugeant en dernier ressort, déboute le sieur C. du renvoi par lui proposé, et, faute de répondre au fond, après qu'il en a été interpellé, donne contre lui au demandeur ce requérant, défaut ; et, pour le profit, faisant droit au principal à l'égard de toutes les parties , condamne solidairement les défendeurs à payer au demandeur la somme de mille trois cents fr., montant du billet dont il s'agit, avec les intérêts suivant la loi, à quoi faire seront les défendeurs contraints par toutes les voies de droit, le sieur B. seul, et même par corps , conformément à la loi du 17 avril 1832 ; et considérant qu'il n'est pas suffisamment justifié que la contrainte par corps, requise contre le sieur C. , doive être prononcée, continue la cause sur ce chef de demande pour être ultérieurement jugé ce qu'il appartiendra ; et attendu le consentement du demandeur, ordonne qu'il sera sursis à l'exécution du présent jugement , pour, par le sieur B., payer les condamnations ci-dessus prononcées dans vingt-cinq jours de ce jour. Condamne en outre les défendeurs aux dépens. (Pour la suite, V. le jugement par défaut).

Jugement de Débouté d'opposition.

Après en avoir délibéré conformément à la loi ;

Considérant que le demandeur est fondé en jugement, que tout opposant doit être prêt à justifier des causes de son opposition, et que les défendeurs ne comparaissent pas ;

Le Tribunal donne au demandeur ci requérant défaut contre les défendeurs, et pour le profit déboute ces derniers de l'opposition au jugement contre eux rendu au Tribunal, le..... En conséquence, ordonne que ce jugement sera exécuté selon sa forme et teneur nonobstant ladite opposition ; condamne en outre les défendeurs aux dépens, etc. ; au paiement desquels dépens seront les défendeurs contraints par toutes les voies de droit.

Jugement de Renvoi devant Arbitre rapporteur.

Après avoir délibéré conformément à la loi ;

Considérant que les faits de la cause ne sont pas suffisamment éclaircis.

Le Tribunal avant de faire droit et sans rien préjuger sur les moyens respectifs des parties, ordonne qu'elles se retireront devant le sieur........, demeurant à........, qu'il nomme d'office arbitre rapporteur, auquel les parties seront tenues de représenter leurs titres et pièces timbrés et enregistrés conformément à la loi du 19 décembre 1790 ; lequel arbitre entendra les parties, les conciliera si faire se peut, sinon fera son rapport et donnera son avis sur papier timbré, qu'il enverra clos ou cacheté au Tribunal, pour être par lui statué ce qu'il appartiendra, dépens réservés.

Jugement de Déclaration de Faillite.

Après en avoir délibéré conformément à la loi ;

Le Tribunal déclare le sieur A. en état de faillite ouverte, en fixe l'époque à la date de ce jour, ordonne que, si fait n'a été, les scellés seront *apposés au domicile du failli,* et partout où besoin sera, conformément aux articles 451 et 452 du Code de commerce, à l'effet de quoi expédition du présent jugement sera adressée au juge de paix ; nomme M. B.. ., l'un des membres du Tribunal, commissaire à ladite faillite, et pour agent le sieur C.. ,..., lequel, après serment prêté pardevant ledit juge commissaire, de bien et fidèlement s'acquitter des fonctions qui lui sont attribuées par la loi, remplira les fonctions d'agent telles qu'elles sont décrites aux chapitres 3, 4, 5 et 6 du livre 3 du Code de commerce, sous la surveillance de M. le juge commissaire. Ordonne que, conformément à l'art. 455 du Code de commerce, la personne du failli sera mise en dépôt dans une maison d'arrêt pour dettes, et que dans cet état il ne pourra être reçu contre lui d'écrou ou recommandation en vertu d'aucun jugement du tribunal ; que le présent jugement sera affiché, par extrait, par l'un des huissiers audienciers à la porte du tribunal, à la bourse et à la porte du failli, lequel huissier dressera procès verbal de l'apposition desdites affiches, et inséré par extrait dans les journaux.

Ordonne enfin que le présent jugement sera exécuté selon sa forme et teneur.

Ainsi jugé,

Mandons, etc.

Jugement de Sauf-Conduit.

Vu la requête présentée, ensemble l'avis de M. le juge commissaire ;

Après en avoir délibéré conformément à la loi ;

Le Tribunal prenant en considération les motifs exposés, accorde au failli un sauf-conduit provisoire limité à un mois de ce jour, et néanmoins révocable à volonté, à la charge par le failli de se présenter toutes les fois qu'il en sera requis, sous les peines portées par la loi. Ordonne qu'après l'expiration de ce délai, le présent sauf-conduit sera et demeurera révoqué, et qu'il ne pourra être renouvelé qu'après que l'inventaire aura été clos et arrêté, l'état de la faillite dès lors constant et certain et le syndic chargé et responsable du montant de l'actif ; de tout quoi il sera justifié au Tribunal.

Ordonne que le présent jugement sera exécuté selon sa forme et teneur.

Ainsi jugé, etc.

Jugement de Nomination de Syndics.

Vu le procès verbal duquel il résulte que les créanciers ont, en exécution de l'article 480 du Code de commerce, présenté une liste triple du nombre des syndics provisoires, dont deux doivent être nommés par le Tribunal, suivant le vœu par eux exprimé ;

Après en avoir délibéré conformément à la loi ;

Le Tribunal nomme pour syndics provisoires de la faillite du sieur A..., le sieur C... et le sieur D..., portés en ladite liste, pour exercer lesdites fonctions de syndics provisoires, telles qu'elles sont décrites dans les articles 476 à 525 du Code de commerce, lesquels syndics pourront agir ensemble ou séparément, l'un, en cas d'empêchement ou d'absence de l'autre , sous la surveillance de **M.** le juge commissaire.

Ordonne que le présent jugement sera exécuté selon sa forme et teneur.

Ainsi jugé , etc.

Jugement de Mise en demeure.

Vu le procès verbal sus-énoncé ;

Vu les articles 511 et 512 du Code de commerce ;

Après en avoir délibéré conformément à la loi ;

Le Tribunal accorde aux créanciers dénommés audit procès verbal, à tous créanciers inconnus, un nouveau délai de huitaine, augmenté d'un jour par chaque distance de trois myriamètres, pour faire vérifier et affirmer leurs créances ; lequel délai comptera du jour de son insertion dans les journaux, ce qui vaudra signification aux créanciers en retard ; et ledit délai passé, il sera procédé aux autres opérations de la faillite.

Ordonne que le présent jugement sera exécuté selon sa forme et teneur, et inséré dans les journaux, en exécution de l'article 512 du Code de commerce.

Jugement d'Homologation de Concordat.

Vu la requête présentée, ensemble l'avis de **M.** le juge commissaire ;

Après en avoir délibéré conformément à la loi ;

Le Tribunal, ayant égard aux motifs exposés, homologue le concordat passé entre le failli et ses créanciers, pour être exécuté selon sa forme et teneur, tant avec les créanciers signataires que ceux non signataires, et déclare le failli excusable et susceptible de réhabilitation en se conformant à la loi.

Ordonne que le présent jugement sera exécuté selon sa forme et teneur.

Ainsi jugé, etc.

Agens.

Si le compte sommaire que les articles 488 et 489 du Code de commerce prescrit aux agens et syndics de remettre au procureur du Roi, dans la huitaine de leur entrée en fonctions, était conçu dans des termes vagues et généraux, la surveillance que ce magistrat doit exercer serait illusoire.

Ce compte doit donc énoncer :

1° Si la faillite a été déclarée après dépôt de bilan par le failli, ou d'office par le Tribunal, ou sur assignation à la requête d'un ou plusieurs créanciers ; à quelle époque le jugement de déclaration de faillite fixe provisoirement ou définitivement l'ouverture de la faillite ;

2° Si les scellés ont été apposés et à quelle réquisition ; si les registres ont été cotés par le juge de paix, et remis à MM. les agens ;

3° Si le failli est en fuite ou détenu (Art. 455) ;

4° La nature de son commerce, l'état et la cause apparente de la faillite ;

5° Si la faillite paraît être dans l'un des cas de banqueroute simple ou frauduleuse, prévus par les articles 586, 587, 593 et 594 du Code de commerce ;

6° Si le failli est marié, si sa femme dont le domicile devra être indiqué, ou toute autre personne, n'aurait pas participé à des détournemens ou actes faits en fraude ou au préjudice des créanciers ;

7° Les lieux où l'on présume qu'ont pu être récélés les objets détournés ;

8° Quels sont les registres du failli, dans quel état ils se trouvent, s'ils paraissent avoir été fabriqués récemment et pour le besoin de la faillite ;

En supposant que MM. les agens ne réunissent pas dans le premier moment des données certaines sur tous ces points, ils peuvent au moins émettre une opinion quelconque.

9° Ils doivent adresser au procureur du Roi une copie du bilan, soit qu'il ait été déposé par le failli, soit qu'il ait été confectionné par eux; et, dans ce dernier cas, ils doivent indiquer à l'aide de quels élémens ils sont parvenus à l'établir.

En cessant leurs fonctions, ils doivent désigner au procureur du Roi les noms, professions et demeures des syndics provisoires.

Syndics provisoires.

Outre les points indiqués aux agens sur lesquels les syndics doivent aussi s'expliquer, ceux-ci feront connaître ce qu'ils auront découvert sous les scellés dans la correspondance; s'ils ont conçu des soupçons sur la sincérité de quelques créanciers lorsque la vérification et l'affirmation des créances auront eu lieu, ils devront en faire connaître le résultat, et indiquer s'il y a eu affirmation des créances suspectes de simulation.

Si le bilan n'avait été rédigé ni par le failli ni par les agens, les syndics devront adresser une copie de celui qu'ils auront dressé.

Ils diront, enfin, s'il est intervenu un concordat ou un contrat d'union; dans le premier cas, si le concordat a été attaqué par la voie de l'opposition, à la requête de quels créanciers, et s'il a été homologué; dans le second cas, ils indiqueront les noms, profession et demeuré des syndics définitifs.

Syndics définitifs.

Les syndics définitifs doivent à leur tour adresser au procureur du Roi un compte sommaire; l'état des opérations de la faillite, lors de leur entrée en fonctions, les met à même d'adresser dans la huitaine un rapport très détaillé sur tous les points ci-devant énoncés.

Veiller à l'intérêt des créanciers, protéger la sécurité du commerce en provoquant, s'il y a lieu, contre le failli la juste sévérité des lois, tel est le devoir du ministère public. Pour remplir efficacement ce devoir, le procureur du Roi a besoin du concours de MM. les agens et syndics, et ne doute pas que, pénétrés de l'importance de leurs fonctions, MM. les agens et syndics ne s'en acquittent avec zèle et exactitude, et ne se conforment aux présentes instructions, qui ont pour base les dispositions du Code de commerce.

COMMISSARIATS DANS LES FAILLITES.

FORMULES D'ORDONNANCES.

Autorisation de n'apposer les scellés que par description et à laisser les lieux ouverts

Nous, juge commissaire de la faillite......., vu la présente requête, vu d'ailleurs l'article 463 du Code de commerce, attendu qu'il convient aux intérêts de la masse que l'établissement de commerce ne soit point fermé, et que l'exploitation en soit au contraire continuée, autorisons l'agent provisoire à ne faire apposer les scellés que par description au domicile, et sur les rayons, comptoirs et magasins, etc.

Donné à Paris, le

Autorisation de vendre des Marchandises sujettes à dépérissement.

Nous, juge commissaire de la faillite....., vu la présente requête et l'art. 464 du Code de commerce, attendu que les marchandises dont il s'agit sont sujettes à dépérissement, autorisons le sieur....., agent de ladite faillite, à faire procéder à la vente desdites marchandises au mieux des intérêts de la masse, et à la charge par lui de rendre compte aux syndics provisoires.

Demande en Sauf-conduit par les Syndics.

Nous, juge commissaire de la faillite....., vu la présente requête et les motifs qui y sont exprimés, considérant que les créanciers réunis sous notre présidence le....., ont donné à l'unanimité leur consentement à la délivrance d'un sauf-conduit en faveur du failli; que la faillite ne paraît présenter aucun caractère de fraude ni de mauvaise foi, sommes d'avis que le tribunal peut accorder au sieur..... un sauf-conduit de sa personne, limité à un mois, et néanmoins révocable à volonté, à la charge par le failli de se présenter toutes les fois qu'il en sera requis, et de faire dans l'intérêt de la masse ce qui sera jugé nécessaire.

Donné à Paris, le

Autorisation de procéder aux Recouvremens des effets et marchandises du Failli.

Nous, juge commissaire de la faillite, vu la présente requête et les dispositions de l'art. 492 du Code de commerce, autorisons les syndics provisoires de ladite faillite à faire procéder sans délai à la vente, soit aux enchères, soit à l'amiable, des effets et marchandises existant au domicile du failli, et compris dans l'inventaire ; les autorisons également à entendre débattre, clorre et arrêter le compte de tout commissaire priseur, à en recevoir le reliquat et à en donner quittance ; les autorisons enfin à faire le recouvrement des sommes dues au failli, et à poursuivre les débiteurs refusant.

Donné à Paris, le

« M. le juge commissaire peut ordonner le versement « à la caisse des consignations des deniers provenant de « vente des meubles et marchandises du failli, et de « leurs dettes actives dans le cas prévu par l'art. 497 « du Code de commerce. » (Ordonnance royale, 3 juillet 1816.)

Les demandes ou requêtes adressées à M. le juge commissaire par de simples créanciers doivent être répondues dans les termes suivans :

Soit la présente requête communiquée à l'agent ou à MM. les syndics provisoires pour avoir leur avis.

Autorisation de retirer des Sommes versées à la Caisse des Consignations.

Nous, juge commissaire de la faillite....., vu la présente requête et les dispositions de l'art. 498 du Code de commerce, autorisons les syndics provisoires de la faillite à retirer de la caisse des dépôts la somme de....., provenant de........, ensemble, les intérêts qui peuvent être dus.

Donné à Paris, le

5.

Autorisation de Conversion de saisie immobilière en vente volontaire.

Nous , juge commissaire de la faillite....., vu la présente requête et les motifs y énoncés, autorisons les syndics à former la demande de conversion en vente sur publication volontaire de la maison dont il s'agit, saisie immobiliairement par le sieur....., en se conformant aux formalités voulués par la loi pour la vente des biens des faillis.

Donné à Paris , le

Ordonnance pour l'Homologation d'un Concordat.

Nous , juge commissaire de la failllite....., vu la présente requête, considérant qu'il n'est survenu aucune opposition au concordat passé entre le sieur..... et ses créanciers réunis, sous notre présidence le.....; qu'il ne nous est parvenu ni plainte ni réclamation contre le failli, et que toutes les formalités voulues par la loi ont été exactement remplies, sommes d'avis que le tribunal peut homologuer ledit concordat, pour être exécuté selon sa forme et teneur, tant avec les créanciers signataires que ceux non signataires, et déclarer le failli excusable et susceptible de réhabilitation en se conformant à la loi.

Donné à Paris, le

Ordonnance pour la Liquidation des Frais d'instruction de faillite après concordat.

Nous , juge commissaire de la faillite....., vu le mémoire ci-dessus et les pièces justificatives à l'appui, avons reconnu que les déboursés doivent être fixés à la somme de........ (et considérant le plus ou le moins d'importance de la faillite), modérons les honoraires à....., faisant au total la somme de....., sauf l'approbation de M. le président du tribunal.

Donné à Paris, le

Ordonnance de Liquidation de Frais après Contrat d'union.

Nous, juge commissaire de la faillite....., vu le présent mémoire et les pièces justificatives à l'appui, avons reconnu que les déboursés doivent être fixés à la somme de......, les émolumens à......., et les honoraires à......, au total......., laquelle somme nous autorisons

MM. les syndics et caissier de l'union, à payer à M......., après toutefois que le présent avis aura été soumis au visa de M. le président du tribunal.

Donné à Paris, le

FORMULES D'ACTES ET DE PROCÈS VERBAUX
DANS LA FAILLITE.

Serment d'Agent.

L'an...... , le....... , par-devant nous, juge au tribunal de commerce de......., nommé par jugement du......., enregistré, commissaire à la faillite du sieur....., étant en la chambre du conseil, assisté du greffier, est comparu le sieur (noms et prénoms), nommé agent de cette faillite, lequel en sadite qualité et en conformité de l'art. 461 du Code de commerce, a prêté en nos mains serment de bien et fidèlement s'acquitter des fonctions qui lui sont attribuées par la loi.

De laquelle prestation de serment il nous a requis acte, à lui octroyé, et a, ledit comparant, signé avec nous et le greffier, après lecture.

Ordonnance pour le Syndicat.

L'an....., le......, nous (noms et prénoms), juge au tribunal de commerce de......, nommé par jugement de......, enregistré, commissaire à la faillite du sieur (noms, prénoms, qualité et demeure), étant en la chambre du conseil, assisté du greffier ;

Vu le bilan déposé au greffe par le failli, le..... ;

Vu l'apposition des scellés au domicile du failli ;

Vu en cet état les art. 459, 476 et 477 du Code de commerce ;

Attendu que les fonctions d'agent se trouvent sans objet, et qu'alors il convient de passer sans retard à la nomination des syndics provisoires ;

Ordonnons que les créanciers présumés du failli seront convoqués par lettres, affiches et avis insérés dans les journaux, au......, à heures, pour procéder à la nomination des candidats au syndicat provisoire.

Ordonnons pareillement que la convocation sera faite par la voie du greffe ; commettons l'un des huissiers audienciers du tribunal, à l'effet d'apposer les affiches conformément et en exécution de l'art. 683 du Code de procédure civile, et avons signé avec le greffier.

Procès verbal du Syndicat provisoire.

L'an, etc......, le......, par-devant nous (noms et prénoms), juge au tribunal de........., commissaire à la faillitte du sieur (noms, prénoms, qualités et demeures), étant en la salle des faillites, assisté du greffier.

Sont comparus les sieurs :

(Dénomination des Créanciers.)

Tous créanciers présumés du failli, réunis en assemblée

à l'effet de procéder à la formation de la liste de candidats au syndicat, et à délibérer sur le sauf-conduit.

Consultés sur le nombre de syndics à nommer, les comparans ont reconnu que deux syndics étaient nécessaires, et ils ont procédé par la voie du scrutin à la nomination de six candidats devant composer la liste de présentation.

Le dépouillement du scrutin a donné le résultat suivant (à chaque créancier nommé) (indiquer le nombre des voix).

Et seront les présens candidats soumis au tribunal, afin qu'il nomme deux syndics, et émettons notre opinion en faveur de M.........., à l'égard du sauf-conduit, les créanciers consultés par nous, l'ont voté à l'unanimité.

Procès verbal des Vérifications.

L'an, etc.........., par-devant nous (noms et prénoms), juge au tribunal et commissaire à la faillite du sieur (noms et prénoms, profession et demeure), étant dans la salle des faillites, assisté du greffier.

En présence de MM.........., syndics provisoires, sont comparus, 1° le sieur (noms et prénoms, profession et demeure), lequel a été reconnu créancier et admis pour la somme de........., montant de......... (énoncer la nature du titre), et a, le comparant, affirmé et retiré ses titres, dont décharge signée après lecture.

Et ainsi de suite pour chaque comparant ;

De tout quoi nous avons fait et rédigé le présent procès verbal et avons signé avec les syndics et le greffier.

Procès verbal de Mise en demeure.

L'an........., le........,..., nous soussignés syndics provisoires à la faillite du sieur (noms et prénoms, qualité, et demeure), ouverte au tribunal de commerce, et en conformité des articles 510 et 511 du Code de commerce, avons reconnu que les créanciers ci-après portés au bilan dudit failli, sont en retard, soit de produire leurs titres de créance, soit pour les affirmer sincères et véritables, quoiqu'ils aient été bien et dûment avertis suivant les formes prescrites par la loi ; le procès verbal de vérification ayant été reconnu postérieuremsnt au délai de 40 jours, expiré le......, savoir, MM. (dénommer les créanciers en retard), et tous autres créanciers présumés et inconnus, duquel défaut de comparution, les soussignés, syndics provisoires, ont dressé le présent procès verbal, requérant M. le juge commissaire de vouloir bien le clorre et arrêter, et par-là, constituer en demeure les sus-nommés, et ont signé les jour, mois et an que dessus.

Signatures des syndics.

Et les mêmes jour, mois et an que dessus (noms et prénoms), juge au tribunal de commerce de........., et commissaire à la faillite du sieur........., étant en la chambre du conseil, assisté du greffier ;

Vu le présent procès verbal, ensemble les dispositions des art. 510, 511 et 512 du Code de commerce, disons que le susdit procès verbal demeure clos et arrêté, déclarons en conséquence tous les créanciers y portés en retard, et tous autres inconnus, mis en demeure de vérifier, affirmer leur créance sur le failli, et proposons au tribunal de leur accorder un nouveau délai de huitaine plus un jour par trois myriamètres de distance ; pour ceux du dehors, ils seront et demeureront déchus en conformité des articles précités, et avons signé avec le greffier.

Procès verbal d'Ajournement.

L'an........., le........., par-devant nous (noms et prénoms), juge au tribunal de commerce de........, et commissaire à la faillite du sieur (noms, qualité et demeure), étant en la salle des faillites, assisté du greffier.

Sont comparus les sieurs,
(Dénommer les créanciers et indiquer les sommes pour lesquelles ils sont admis).

Tous créanciers reconnus et affirmés, légalement convoqués et constitués en assemblée, à l'effet d'entendre le rapport sur la situation de la faillite, et les propositions du failli; les admettre ou passer à la formation de l'union.

Le failli étant présent, et MM. les syndics ayant pris place au bureau, la séance a été ouverte.

MM. les syndics ayant obtenu la parole ont donné lecture de leur rapport, dont copie signée d'eux, est demeurée ci-annexée.

Le failli a été entendu, son conseil a pour lui donné lecture d'un projet de concordat, par lequel le failli offrait de payer (tant pour cent), payables en différens termes.

« La proposition mise en délibération, s'il s'élève des
« incidens, si la majorité en nombre et les trois quarts ne
« se trouvent pas acquis au failli, l'assemblée est remise à
« huitaine, le procès verbal se termine ainsi : »

En conséquence des dispositions de l'article 522 du Code de commerce, nous avons renvoyé l'assemblée à huitaine et l'avons dissoute.

Contrat d'union.

L'an........., le........., à heures, les soussignés créanciers reconnus et affirmés de la faillite du sieur (noms et prénoms , qualité et demeure) assemblés en l'une des salles du tribunal de commerce , sous la présidence de M. le juge commissaire de ladite faillite , après avoir entendu le rapport des syndics provisoires et le failli en personne ;

Considérant que le concordat présenté par le failli n'a pas réuni les conditions exigées par la loi , ce qui force lesdits créanciers à passer un contrat d'union , ont fait et arrêté ce qui suit :

Art. 1. — Lesdits créanciers déclarent , par ces présentes s'unir entre eux pour agir en nom collectif dans toutes les opérations et circonstances de la faillite.

Art. 2. — Les créanciers nomment pour syndic définitifs M........ (noms et prénoms) , et M........ (noms et demeures) pour caissiers, lesquels ont déclaré accepter ces fonctions.

Art. 3. — Les créanciers du sieur........ reconnaissent qu'il est débiteur malheureux et de bonne foi , lui font par ces présentes remise pure et simple de la contrainte par corps.

Le présent contrat d'union restera déposé au greffe du tribunal de commerce , pour en être délivré expédition au syndicat , si besoin est.

Concordat.

L'an........ , le........ , heures........ , les soussignés créanciers chirographaires de la faillite du sieur (noms et prénoms , qualité et demeure) , tous dénommés , qualifiés et domiciliés au procès verbal des vérifications réunissant la majorité en nombre, et représentant les trois quarts en somme, suivant le susdit procès verbal de vérification , réunis en assemblée dans l'une des salles du tribunal de commerce de......, sous la présidence de M........., juge-commissaire de la faillite.

Après avoir entendu le rapport à eux fait par MM. les syndics provisoires sur l'état de la faillite, les opérations qui ont eu lieu, les formalités qui ont été remplies, et les propositions du failli tendant à obtenir un concordat;

Considérant qu'il résulte du rapport dressé par MM. les syndics provisoires, et des explications données par le failli, qu'on ne peut lui reprocher ni inconduite ni fraude, et qu'il peut être au contraire considéré comme débiteur malheureux et de bonne foi ; que ses propositions sont préférables à la formation d'un contrat d'union qui déposséderait le failli.

Ont fait, discuté et arrêté, et signé séance tenante le présent traité :

Art. 1. — MM. les créanciers font remise pure et simple et définitive au sieur......, ce acceptant, de 85 p. % et de tous intérêts et frais.

Les 15 p. % réservés seront payés dans le cours de dix-huit mois, en trois paiemens égaux, qui auront lieu, savoir : le premier paiement dans six mois, à partir du jour de l'homologation du présent concordat, le deuxième paiement, six mois après le premier paiement, et enfin, le troisième, six mois après le second paiement.

Art. 2. — (Stipulations de garantie s'il y a lieu). Indépendamment du dividende stipulé ci-dessus, le sieur..... s'oblige à payer les créanciers privilégiés, s'il en existe, et les frais occasionés par la faillite, et ce sur le règlement qui en sera fait par M. le juge commissaire, visé par M. le président du tribunal.

Art. 3. — Les créanciers réservent tous leurs droits

contre les autres obligés aux titres dont ils sont porteurs, et ce, sans novation, altération ni dénégation.

Art. 4. — Faute par le sieur.........d'exécuter fidèlement le présent accord, il sera déchu du bénéfice du terme et de la remise ; huit jours après un commandement, resté sans effet, et ce qui aura été payé sera réputé simple à-compte.

Art. 5. — Sous la fin de l'exécution des présentes, MM. les créanciers rétablissent le failli à la tête de ses affaires, ils font mainlevée de toutes oppositions, saisies et arrêts, saisies, exécution mobilière et immobilière, inscriptions généralement de tout ce qui pourrait s'opposer à ce qu'il puisse administrer ses affaires.

Ils consentent que le syndic lui rende tout ce qui compose l'actif, mais seulement après la justification du paiement des frais de faillite comme il est dit ci-dessus.

Art. 6. — Les présentes seront soumises à l'homologation du tribunal dans le délai determiné par la loi. S'il ne survient aucun empêchement ; consentant les créanciers que le failli soit déclaré excusable et susceptible de réhabilitation en se conformant à la loi.

FORMULES.

ORDONNANCE PORTANT AUTORISATION DE VENDRE A LA BOURSE, AUX ENCHÈRES ET PAR LE MINISTÈRE DE COURTIERS.

Nous, président du tribunal de commerce de.........
Vu la présente requête et l'extrait de la déclaration faite au greffe de ce tribunal; vu les dispositions de l'ordonnance royale du 9 avril 1819, prenant en considérant et adoptant les motifs ci-dessus exposés (les motifs doivent être développés dans la requête), autorisons le requérant à faire

opérer la vente des marchandises dont il s'agit à la bourse de........, le........, à..... heures et jours suivans, s'il y a lieu, par le ministère du sieur........., courtier de commerce, et par lots d'une valeur de........., à la charge d'observer les lois et règlemens sur la vente publique.

Donné à   , le   , etc.

FORMULE DU SERMENT DES AGENS DE CHANGE ET COURTIERS DE COMMERCE.

Vous jurez fidélité au Roi des Français, obéissance à la charte constitutionnelle, et aux lois du royaume, et de remplir vos fonctions avec honneur et probité (Loi du 31 août 1830).

FORMULE DU SERMENT DES AGRÉÉS.

Vous jurez de remplir avec honneur et probité les fonctions d'agréé qui vous sont confiées, et de vous conformer aux arrêtés et règlemens du tribunal.

FORMULE DU SERMENT DES TRADUCTEURS ET INTERPRÈTES DE LANGUES.

Vous jurez de remplir avec fidélité, exactitude et probité les missions qui vous seront confiées.

DROITS D'ENREGISTREMENT.

Il ne paraîtra peut-être pas inutile de faire connaître et consigner ici l'importance des droits d'enregistrement, tant sur les jugemens que sur les concordats et autres actes.

Enregistrement d'un pourvoi. . . . . . 2 f. 20 c.

Le droit de condamnation sur billets ou lettres de change jusqu'à 600 fr. est de 3 fr. 30 c.,

et au-dessus il est de 5o c. pour 1oo fr., plus le
dixième.   3   3o

Enregistrement d'un jugement de débouté
d'opposition.   5   5o

Le droit de condamnation sur marchandises
est de 2 1/2 p. $\%$, plus le dixième.

Le droit d'enregistrement sur dommages et
intérêts est de 2 p. $\%$ plus le dixième.

Enregistrement des ordonnances de juge.   .   3   3o

Enregistrement de chaque vérification de
créance.   3   3o

Concordat attermoiement pur et simple 55 c.
p. $\%$ de l'obligation.

Caution du concordat, même droit.

Abandon de marchandises 2 p. $\%$.

Abandon de créances 1 p. $\%$

FIN.

FIN DE LA TABLE.